Stop met piekeren

Dit boek, *Stop met piekeren; Werkboek voor de cliënt*, is onderdeel van de reeks Protocollen voor de GGZ.

Serie Protocollen voor de GGZ
De boeken in de reeks Protocollen voor de GGZ geven een sessiegewijze omschrijving van de behandeling van een specifieke psychische aandoening weer. De theorie is beknopt en gestoeld op wetenschappelijke evidentie voor zover deze bekend is. Protocollen voor de GGZ is bedoeld voor psychologen, psychotherapeuten, psychiaters en andere hulpverleners.

Bestellen:
De boeken zijn te bestellen via de boekhandel of rechtstreeks via de webwinkel van uitgeverij Bohn Stafleu van Loghum: www.bsl.nl

Redactie
Dr. Claudi Bockting, klinisch psycholoog, psychotherapeut en gedragstherapeut, universitair hoofddocent klinische psychologie, Rijksuniversiteit Groningen
Dr. Mascha ten Doesschate, psychiater Mentrum en onderzoeker Universiteit van Amsterdam, Amsterdam
Prof.dr. Chijs van Nieuwenhuizen, bijzonder hoogleraar forensische geestelijke gezondheidszorg, coördinator behandeling & onderzoek, forensische jeugdpsychiatrische kliniek De Catamaran, Eindhoven
Drs. Willemijn Scholten, psychotherapeut en gedragstherapeut, GGZinGeest, Amsterdam

Stop met piekeren

Werkboek voor de cliënt

Colin van der Heiden

Bohn Stafleu van Loghum
Houten 2009

© 2009 Bohn Stafleu van Loghum, onderdeel van Springer Uitgeverij
Alle rechten voorbehouden. Niets uit deze uitgave mag worden verveelvoudigd, opgeslagen in een geautomatiseerd gegevensbestand, of openbaar gemaakt, in enige vorm of op enige wijze, hetzij elektronisch, mechanisch, door fotokopieën of opnamen, hetzij op enige andere manier, zonder voorafgaande schriftelijke toestemming van de uitgever.
Voor zover het maken van kopieën uit deze uitgave is toegestaan op grond van artikel 16b Auteurswet 1912 j° het Besluit van 20 juni 1974, Stb. 351, zoals gewijzigd bij het Besluit van 23 augustus 1985, Stb. 471 en artikel 17 Auteurswet 1912, dient men de daarvoor wettelijk verschuldigde vergoedingen te voldoen aan de Stichting Reprorecht (Postbus 3051, 2130 KB Hoofddorp). Voor het overnemen van (een) gedeelte(n) uit deze uitgave in bloemlezingen, readers en andere compilatiewerken (artikel 16 Auteurswet 1912) dient men zich tot de uitgever te wenden.

Samensteller(s) en uitgever zijn zich volledig bewust van hun taak een betrouwbare uitgave te verzorgen. Niettemin kunnen zij geen aansprakelijkheid aanvaarden voor drukfouten en andere onjuistheden die eventueel in deze uitgave voorkomen.

ISBN 978 90 313 7425 0
NUR 777
Ontwerp omslag: Studio Bassa, Culemborg
Ontwerp binnenwerk: Studio Bassa, Culemborg
Automatische opmaak: Pre Press Media Groep, Zeist

Bohn Stafleu van Loghum
Het Spoor 2
Postbus 246
3990 GA Houten

www.bsl.nl

Inhoud

Voorwoord	7
Sessie 1	9
Sessie 2	21
Sessie 3	27
Sessie 4	35
Sessie 5	41
Sessie 6	49
Sessie 7	55
Sessie 8	61
Sessie 9	67
Sessie 10	75
Sessie 11	81
Sessie 12	85
Sessie 13	91
Sessie 14	95
Literatuur	97

Voorwoord

Voor u ligt het cliëntenwerkboek dat gebruikt zal worden in de behandeling van mensen met een gegeneraliseerde angststoornis (GAS).
De belangrijkste klacht bij de gegeneraliseerde angststoornis is het voortdurend piekeren over steeds weer andere zaken die kunnen gebeuren. Is de ene zorg over, dan komt er wel weer iets anders om over te piekeren. Pogingen om het piekeren te stoppen lukken vaak niet, of hooguit voor een korte tijd. Het piekeren wordt daarom vaak ervaren als onbeheersbaar. Het gepieker bestaat vaak al jarenlang, veel mensen met een GAS geven aan 'eigenlijk al hun hele leven een piekeraar' te zijn geweest. Door het aanhoudende gepieker over allerlei dingen, ontstaan vaak klachten als rusteloosheid of zich opgejaagd voelen, moeite met inslapen en/of vaak wakker worden, zich vermoeid voelen, prikkelbaarheid, concentratie- of geheugenproblemen en spierspanningklachten.
Tot in de jaren negentig van de vorige eeuw bleek de GAS in vergelijking met andere angststoornissen niet zo goed behandelbaar. Inmiddels is daar verandering in gekomen. U krijgt een speciaal voor de GAS ontwikkelde behandeling aangeboden: de metacognitieve therapie. Die behandeling is in wetenschappelijk onderzoek erg effectief gebleken. Tussen de 70 en 80% van de cliënten met een GAS is hersteld na deze vorm van behandeling (Wells & King, 2006; Wells, Welford, King e.a., in voorbereiding; Van der Heiden, 2008; Van der Heiden, Muris & Van der Molen, in voorbereiding).
De behandeling is niet direct gericht op het piekeren zelf, maar op de manier waarop u denkt *over* piekeren, de zogenoemde metacognities. Want door de manier te veranderen waarop u over piekeren denkt, blijkt het piekeren zelf te verminderen. Die aanpak blijkt effectiever dan behandelingen die zich wel op het piekeren zelf richten. De therapie bestaat uit maximaal veertien sessies. Het is geen therapie waarin alleen gepraat wordt over klachten of uw verleden; het is een 'doe-therapie'. Dat betekent dat we u gaan leren hoe u anders over het piekeren kunt denken, en hoe u op een andere manier met moeilijke situaties om kunt leren gaan dan erover te piekeren. Dat doen we door u eerst uitleg te geven over andere manieren om met lastige situaties om te gaan en u vervolgens te vragen met de nieuwe methoden te gaan oefenen, eerst in de sessie en daarna thuis. Het voordeel is dat het tempo hoog is en er relatief weinig sessies nodig zijn. Het belangrijkste deel van de behandeling vindt immers thuis plaats. Nog belangrijker is dat u de geboekte vooruitgang aan uzelf kunt toeschrijven; u hebt de interventies geoefend en u hebt ze succesvol toegepast, waardoor het beter met u gaat. En misschien het allerbelangrijkste is dat de kans op terugval kleiner wordt, want de geoefende technieken beheerst u ook in de toekomst nog. Het is wat dat betreft net als met zwemmen: als u dat ooit geleerd hebt, kunt u het niet meer 'ontleren'. Valt u ooit in het water, dan hoeft u 'alleen maar de vroeger zo vaak geoefende slagen toe te passen, en u voorkomt dat u verdrinkt'. Zo is het ook met de GAS: als u in de toekomst weer in piekeren dreigt te vervallen, kunt u dat voorkomen door de methoden die u tijdens deze therapie hebt geleerd weer toe te passen.
Helaas wordt niet iedereen beter van metacognitieve therapie. Tijdens de behandeling zullen we regelmatig nagaan of u vooruitgang boekt. Als blijkt dat uw klachten niet,

of onvoldoende, afnemen, dan kunt u samen met uw behandelaar kijken of het zinvol is nog enkele extra sessies metacognitieve therapie te doen, of dat er beter een andere vorm van behandeling gegeven kan gaan worden.
Veel succes met de metacognitieve therapie.
Drs. Colin van der Heiden

Sessie 1

Kennismaking + agenda opstellen voor deze sessie

De agenda van deze sessie bestaat uit de volgende punten:
- kennismaking;
- samenvatting van het intakeverslag;
- uitleg over de diagnose gegeneraliseerde angststoornis (GAS);
- uitleg over het metacognitieve model van de GAS;
- uitleg over de metacognitieve therapie;
- oefening om het effect van piekeren te demonstreren: de 'stel dat'-oefening;
- oefening om na te gaan of het onderdrukken van zorgen zinvol is: het 'witte beer'-experiment;
- introductie piekerregistratie;
- huiswerk voor komende week.

Kennismaking

Nadat u en uw behandelaar met elkaar hebben kennisgemaakt zal hij/zij de agenda met u doornemen. Uiteraard kunt u nog agendapunten toevoegen.

Samenvatting van het intakeverslag, uitleg over de diagnose gegeneraliseerde angststoornis (GAS), het metacognitieve model van de GAS, de metacognitieve therapie

Nadat u samen het intakeverslag hebt doorgenomen, zal uw behandelaar u uitleg geven over de diagnose GAS, het metacognitieve model van de GAS, en de metacognitieve therapie. In de informatiefolder 'Gegeneraliseerde angststoornis: Wat is het en wat is er aan te doen? Informatie voor cliënten' vindt u uitgebreidere informatie over deze punten. We vragen u daarom deze informatiefolder, die u in dit werkboek kunt vinden aan het eind van sessie 1 (Informatiefolder GAS), eerst door te lezen.

Bij de uitleg zal uw behandelaar een schematische weergave van het metacognitieve model gebruiken (zie Metacognitief model van de gegeneraliseerde angststoornis, aan het eind van deze sessie).

Aan het eind van deze sessie vindt u ook een ingevuld voorbeeld van dit metacognitief model (zie Metacognitief model van de gegeneraliseerde angststoornis – een voorbeeld). Samen met uw behandelaar zult u eigen piekersituaties bespreken, waarbij nagegaan wordt welke opvattingen over piekeren u hebt, en wat voor soort gedrag bij u een rol speelt om met piekeren om te gaan (zie Metacognitief model van de gegeneraliseerde angststoornis – invulversie). Er zal bijvoorbeeld in kaart gebracht worden welke situaties u vermijdt uit angst dat u er anders over gaat piekeren, zoals het niet naar medische televisieprogramma's kijken omdat u dan gaat piekeren over ernstige ziekten. Ook zal in kaart gebracht worden of u juist gedrag uitvoert om te voorkomen dat u gaat piekeren. Een voorbeeld van zulk gedrag is elke dag naar het werk van uw partner opbellen om te controleren of hij/zij gezond en wel is aangekomen, om te voorkomen dat u er de rest van de dag over piekert of hij/zij een ongeluk heeft gehad. De opvattingen en gedragingen die bij u een rol spelen vult u samen met uw behandelaar in het metacognitieve model in, zodat u een helder beeld krijgt van welke opvattingen over piekeren uw zorgen in stand houden.

Oefening om het effect van piekeren te demonstreren: de 'stel dat'-oefening

Zoals blijkt uit het metacognitieve model (zie Metacognitief model van de gegeneraliseerde angststoornis, aan het eind van deze sessie), gebruiken veel mensen met een GAS piekeren als een manier om met problemen om te gaan. Ze hebben het idee dat piekeren hen helpt. Ze denken bijvoorbeeld dat ze door piekeren goed voorbereid zijn op problemen, of dat piekeren hen helpt problemen te voorkomen. Helaas is gebleken dat piekeren juist het tegenovergestelde effect heeft, en dus helemaal geen helpende strategie is. De eerste oefening die u deze sessie gaat doen heet de 'stel dat'-oefening, en is bedoeld om u te laten ervaren waar piekeren toe leidt. Uw behandelaar zal u vragen naar een zorgelijke gedachte die u hebt. Daarna vraagt hij u telkens: 'Stel dat uw zorg uitkomt, wat zal er dan gebeuren?' Op deze manier kunt u ervaren wat het effect van deze manier van denken, die kenmerkend is voor piekeraars, is op uw gevoel. Ook kunt u daardoor nagaan of deze denkstijl u helpt oplossingen te vinden.

Oefening om na te gaan of het onderdrukken van zorgen zinvol is: het 'witte beer'-experiment

Uw centrale probleem is het veelvuldig piekeren over steeds weer iets anders. Dat piekeren is lastig en vervelend; u wordt er angstig of nerveus van, slaapt er misschien slecht door en het belemmert u in uw werk of uw dagelijkse bezigheden. Ook bent u bang iets van het piekeren te kunnen krijgen, zoals blijkt uit het metacognitieve model van dit werkboek. U wilt er dan ook graag van af. Veel mensen met een GAS proberen daarom het piekeren te stoppen of weg te drukken, wat in het metacognitieve model beschreven staat als 'pogingen niet te piekeren of piekeren te onderdrukken'. In vaktermen worden dit 'gedachtecontrolepogingen' genoemd. In het model kunt u zien dat er een tweezijdige pijl loopt van deze gedachtecontrolepogingen naar het 'piekeren over het gepieker'. Daarmee wordt bedoeld dat de pogingen niet te piekeren of het piekeren te onderdrukken min of meer veroorzaakt worden door uw zorgen over uw aanhoudende gepieker. Maar er wordt ook mee bedoeld dat die pogingen uw zorgen over uw gepieker juist versterken. Dat komt doordat zulke pogingen vaak niet lukken, of op zijn best maar kortdurend lukken. Want als u merkt dat het u niet lukt het piekeren te stoppen, neemt uw angst voor het piekeren zelf uiteraard toe ('zie je wel, ik kan mijn gepieker niet stoppen, straks krijg ik er echt wat van!'). De tweede oefening die u deze sessie gaat doen, het 'witte beer'-experiment, heeft als doel u te laten ervaren wat er gebeurt als u probeert uw gedachten te onderdrukken. Uw behandelaar zal u vragen uw ogen dicht te doen en dan een paar minuten lang te vertellen waar u aan denkt. U mag tijdens die periode alleen niet aan een witte beer denken. Als de tijd voorbij is, doet u de oefening nogmaals, maar deze keer mag u wel aan een witte beer denken als u dat wilt. Na de oefening bespreekt u met uw behandelaar in welke situatie u vaker aan een witte beer dacht, en wat dat betekent voor het nut van pogingen gedachten te onderdrukken.

Introductie piekerregistratie

Tijdens de behandeling wordt u gevraagd de mate waarin u piekert dagelijks te registreren. Dit is erg belangrijk, omdat het in eerste instantie informatie geeft over hoe erg u piekert. Ook krijgen we daardoor misschien een beter beeld van situaties die leiden tot een toename van gepieker, of die er juist voor zorgen dat het piekeren minder wordt. De tweede reden waarom het bijhouden van de mate waarin u piekert belangrijk is, is dat we daardoor in de gaten kunnen houden of de behandeling effect heeft. Dit doen we door de scores die u dagelijks geeft aan de mate van piekeren in een grafiek bij te houden. Aan het eind van deze sessie vindt u een voorbeeld van zo'n grafiek (zie Voorbeeld piekergrafiek). Uit die grafiek blijkt dat het gepieker geleidelijk afneemt, en dat het niveau van piekeren inmiddels in de buurt is gekomen van het gewenste niveau. Dat gewenste niveau is niet 'nul', want piekeren is een algemeen voorkomend verschijnsel. De doelstelling 'niet piekeren' zou dan ook vreemd zijn, en eigenlijk zelfs onmogelijk. Misschien zelfs wel ongewenst, want het zou betekenen dat iemand niet meer nadenkt over mogelijke problemen. En nadenken over problemen is heel zinvol, zolang het maar niet overgaat in gepieker. Daarom zal uw behandelaar u, als u het piekeren een tijdje geregistreerd hebt, vragen welk niveau van piekeren (of nadenken zo u wilt) aan het einde van de behandeling wenselijk voor u is. Daarmee is meteen een duidelijk doel voor de therapie vastgesteld.

Het registreren gaat als volgt: maak dagelijks op een piekerregistratieformulier (zie Piekerregistratie, aan het eind van deze sessie) een inschatting van de tijd die besteed is aan piekeren, op een schaal van 0 tot 100. Deze schaal is onderverdeeld in zes categorieën:
- niet gepiekerd (0);
- minimaal (1-20);
- enigszins (21-40);
- gemiddeld (41-60);
- veel (61-80);
- extreem (81-100).

Het bepalen van de uiteindelijke score gebeurt in twee stappen. Eerst bepaalt u hoeveel tijd u ongeveer aan het piekeren hebt besteed. Deze globale inschatting geeft aan welke categorie het best weergeeft hoeveel tijd u die dag hebt gepiekerd. Vervolgens bepaalt u welke score binnen de gekozen categorie de 'exacte piekertijd' het best weergeeft.

Voorbeeld

Aan het eind van de dag vult u het piekerregistratieformulier in. U vindt dat u die dag veel gepiekerd hebt. De bijbehorende categorie is 61-80. Vergeleken met gisteren, toen u ook veel piekerde, is het wel wat minder, zo denkt u. Dus in plaats van 80, zoals de dag ervoor, kruist u vandaag 70 aan.
U kunt de score noteren op het piekerregistratieformulier, waarop ruimte is om de scores van zeven dagen te registreren. Dit formulier is in dit werkboek achter elke sessie afgedrukt.

Thuiswerk voor komende sessie

- Lezen informatiefolder. In deze sessie is de diagnose GAS uitgelegd. Ook is het metacognitieve model beschreven, en de behandeling die op dit model gebaseerd is. Het is erg belangrijk dat u deze informatie goed begrijpt. Daarom vragen we u de informatiefolder 'Gegeneraliseerde angststoornis: Wat is het en wat is er aan te doen? Informatie voor cliënten', die u in dit werkboek aan het eind van deze sessie vindt (zie Informatiefolder GAS), thuis nogmaals rustig door te nemen.
- Lezen sessie 1 en sessie 2 van dit werkboek.
- Piekerregistratie.

Gegeneraliseerde angststoornis: Wat is het en wat is er aan te doen? Informatie voor patiënten

Bron: Van der Heiden e.a., Psychopraxis, 2008

GEGENERALISEERDE ANGSTSTOORNIS: WAT IS DAT PRECIES?

Bij u is na de intakeprocedure de diagnose 'gegeneraliseerde angststoornis' gesteld. Om deze diagnose te mogen stellen, moet u volgens het officiële handboek van psychiaters en psychologen, de Diagnostic and Statistical Manual of Mental Disorders (DSM-IV), de volgende klachten hebben:

- U bent **vaak angstig, maakt zich overal zorgen over en hebt vaak bange voorgevoelens**
- De angst en bezorgdheid gaan **over verschillende onderwerpen;** dan weer uw gezondheid, dan weer de kans dat u of een geliefde een ongeluk of ziekte krijgt en dan weer over uw werk
- U hebt moeite die zorgen de baas te blijven. **Het lukt vaak niet het piekeren te stoppen**
- Behalve uw angstige gespannenheid en voortdurende ongerustheid hebt u last van minstens drie van de volgende symptomen:
  (1) u voelt zich rusteloos, opgejaagd of geïrriteerd
  (2) u wordt snel moe
  (3) u kunt zich moeilijk concentreren of hebt moeite u dingen te herinneren
  (4) u bent prikkelbaar
  (5) uw spieren zijn voortdurend gespannen
  (6) u hebt moeite om in slaap te vallen, wordt vaak wakker of bent niet uitgerust van het slapen
- Deze klachten zijn minstens een halfjaar aanwezig, maar komen vaak al vanaf de jeugd voor, en ze verstoren uw dagelijks leven
- De angst en ongerustheid houden geen verband met het gebruik van middelen of medicijnen, met een medische aandoening of met een andere psychiatrische stoornis (zoals een depressie of een fobie)

KOMT HET VAAK VOOR?

Ja, gegeneraliseerde angst komt vaak voor. Naar schatting krijgt ruim 5% van de mensen er in de loop van hun leven last van. Helaas wordt de diagnose nog vaak 'gemist'. De klachten worden geregeld als lichamelijk probleem behandeld. Dit komt doordat veel mensen die aan deze stoornis lijden naar de huisarts gaan vanwege hun nervositeit, vermoeidheid of slaapproblemen.

IS JE ZORGEN MAKEN DAN SLECHT?

Nee, dat hoeft helemaal niet. In ieders leven doen zich nu eenmaal risico's en gevaren voor. Je daar zorgen over maken heeft ook goede kanten. Je probeert oplossingen te zoeken of onderneemt acties om de kans kleiner te maken dat de gevreesde situaties ook echt optreden. Door 'normale' zorgelijkheid bereidt u zich goed voor op examens, koopt u niet impulsief een te duur huis, kijkt u zowel naar links als naar rechts voordat u de straat oversteekt en vult u uw belastingaangifte op tijd in. Niets mis mee dus.

Bij de gegeneraliseerde angststoornis gaat het niet meer over 'normale' zorgelijkheid. Vaak zonder duidelijk gevaar voelt u zich angstig, gespannen en nerveus. U piekert eindeloos over wat er allemaal met uzelf of voor u belangrijke anderen zoals uw partner, kinderen of ouders, zou kunnen gebeuren. Hierover kunt u nachten wakker liggen, terwijl anderen zich helemaal geen zorgen over die situaties lijken te maken. Is het ene gevreesde probleem voorbij, dan dient het volgende probleem om over te piekeren zich als vanzelf aan. Ziet u een televisieprogramma over een legionellabesmetting in een verzorgingshuis, dan vreest u dat uw ouders ook besmet zullen raken. Uit bezorgdheid belt u hen geregeld op om te vragen hoe het met ze gaat. Misschien adviseert u hen zelfs wel toch maar eens naar de dokter te gaan. Krijgt u een belangrijke taak op uw werk, dan ligt u wakker van de vraag of u die wel aankunt. U wordt steeds banger een fout te zullen maken, want dat zal leiden tot ontslag en misschien wel faillissement van uw werkgever. Hoort u van de buurvrouw dat de dochter van haar zus een verkeersongeluk heeft gehad, dan zit u elke dag in spanning of uw kinderen wel veilig thuis zullen komen. Als u de kans krijgt, belt u even naar school om te vragen of ze goed aangekomen zijn, of u drukt ze op het hart even mobiel te bellen als ze aangekomen zijn. En zo is er telkens wel weer iets om over te piekeren.

U wilt het piekeren graag stoppen, maar dat lukt meestal niet. Soms vindt u afleiding, bijvoorbeeld door te sporten of een spannende film te kijken, maar zodra u tot rust komt dringen de gedachten zich weer op.
Waar het 'normale' zorgen maken leidt tot het zoeken van oplossingen en uitvoeren van helpende activiteiten, leidt het gepieker bij een gegeneraliseerde angststoornis juist tot het niet meer goed kunnen nadenken over oplossingen en het niet meer doelmatig met problemen omgaan. Het piekeren werkt dus averechts: u kunt bijvoorbeeld door het gepieker juist niet meer studeren voor het examen, omdat uw concentratie verstoord raakt of omdat u te moe bent van het gepieker. Hierdoor gaan dingen soms juist fout, wat weer tot nieuwe zorgen kan leiden. Op die manier komt u in een vicieuze cirkel terecht.

HOE ONTSTAAT EEN GEGENERALISEERDE ANGSTSTOORNIS?

Mensen bij wie een gegeneraliseerde angststoornis gediagnosticeerd wordt, geven vaak aan 'eigenlijk al hun hele leven zorgelijk te zijn geweest'. Ze waren als kind al nerveus en angstig. Geleidelijk is het piekeren toegenomen en uiteindelijk merken mensen dat het steeds moeilijker is de zorgen en ongerustheid in de hand te houden. **De oorzaken zijn nog niet volledig duidelijk.** Voordat we op mogelijke oorzaken ingaan, willen we benadrukken dat het voor het aanpakken van het piekeren niet per se noodzakelijk is om precies te weten wat de oorzaak is. Het is veel belangrijker er goed mee om te leren gaan, dan om langdurig te blijven zoeken naar de oorzaak. Een eerste oorzakelijke factor is erfelijkheid. Voor angststoornissen is duidelijk aangetoond dat erfelijkheid een rol kan spelen. Misschien hebt u een familielid dat ook altijd zorgelijk is (geweest). Ook jeugdervaringen, zoals opvoeding, kunnen een rol spelen bij het ontstaan van overmatig gepieker. Was uw vader of moeder ook zorgelijk, dan hebt u misschien zijn/haar denkstijl als het ware overgenomen. Wezen uw ouders u altijd op de gevaarlijke aspecten van zaken, dan bent u misschien ook overgevoelig geworden voor mogelijke gevaren.

Ook kan het zijn dat u zelf een verband hebt gelegd tussen zorgen maken en de positieve afloop van (een) gevreesde gebeurtenis(sen). Maakte u zich veel zorgen over het niet halen van uw examen, dan kan het zijn dat u het toch halen van uw examen juist aan het piekeren toeschreef: 'door te piekeren was ik in elk geval goed voorbereid' of 'door het gepieker heb ik aan alles gedacht en daardoor ben ik niet gezakt'. Deze positieve gedachten over het piekeren zelf noemen we **'positieve opvattingen over piekeren'**. Letterlijk betekent dat: 'gedachten over gedachten'. Door deze positieve opvattingen over piekeren wordt het piekeren een helpende strategie om met gevreesde problemen om te gaan. Dit heeft tot gevolg dat u piekeren steeds vaker als helpende strategie bent gaan gebruiken. Door te piekeren bent u ten slotte goed voorbereid.

In de loop van de tijd kan het piekeren echter uit de hand zijn gelopen. Bijvoorbeeld doordat u in korte tijd verschillende vervelende gebeurtenissen hebt meegemaakt, waardoor u te veel dingen had om over te piekeren. U wordt min of meer overspoeld door het piekeren en pogingen het piekeren te stoppen mislukken. Ook kan het zijn dat een familielid dat ook veel piekert plots iets gaat mankeren (bijvoorbeeld een hartinfarct of een depressie). U kunt dan een verband leggen tussen het piekeren en het hartinfarct of de depressie, waardoor u het piekeren plots niet meer (alleen) als helpend ziet, maar ook als bedreigend. Ook het niet kunnen stoppen van het piekeren kan leiden tot nieuwe zorgen: 'piekeren is onbeheersbaar, straks krijg ik er wat van' of 'straks kom ik er niet meer uit en word ik gek van het piekeren'. De negatieve gedachten over het piekeren worden **'negatieve opvattingen over piekeren'** genoemd. Door de negatieve opvattingen over piekeren wordt het piekeren zelf als bedreigend gezien, waar het vroeger misschien als helpend werd gezien. Dit leidt tot toenemende pogingen het piekeren te stoppen. Als dat niet lukt, wordt dat opgevat als bevestiging van de negatieve opvattingen over piekeren ('Zie je wel, ik heb echt geen controle over mijn gedachten meer'). Dit kan de angst nog erger maken. Op die manier ontstaan de klachten behorend bij de gegeneraliseerde angststoornis.

■ IS ER WAT AAN TE DOEN?

Met verschillende vormen van psychotherapie worden goede resultaten bereikt bij de gegeneraliseerde angststoornis, vooral met cognitieve therapie. De laatste jaren zijn er twee nieuwe methoden ontwikkeld, speciaal voor de gegeneraliseerde angststoornis. Een van deze methoden zal u aangeboden worden. Zonder behandeling blijft het overmatig en onbeheersbare piekeren vaak chronisch aanwezig.
Dat betekent dat u er jarenlang last van houdt. Het is dus verstandig iets aan de klachten te doen.
De methode die u wordt aangeboden heet 'metacognitieve therapie'. De ontwikkelaar van deze methode, Adrian Wells, ontdekte dat de inhoud van het piekeren bij mensen met een gegeneraliseerde angststoornis geen verschil vertoonde met de inhoud van het piekeren van andere mensen. **Hij concludeerde dat niet de inhoud van het piekeren tot klachten of problemen leidt, maar de manier waarop iemand denkt over het piekeren** (de eerder genoemde opvattingen over piekeren, die in vaktermen als 'metacognities' worden aangeduid). Op het moment dat u negatief gaat denken over het eigen piekeren (bijvoorbeeld 'van piekeren word ik gek') kunt u last krijgen van gevoelens van angst en spanning. U kunt gaan piekeren over het piekeren. De angst en spanning worden daardoor erger, wat als bevestiging gezien kan worden voor uw negatieve gedachte ('zie je wel, van piekeren draai ik echt nog door').

Om de behandeling te laten slagen is het dan ook vooral belangrijk de opvattingen over piekeren te veranderen. Door de negatieve opvattingen over piekeren te veranderen nemen de angst en spanning af. Door de positieve opvattingen over piekeren te veranderen zult u het piekeren minder als helpende strategie bij problemen gaan gebruiken. Daardoor wordt de kans op terugval kleiner. Uiteraard worden u ook andere manieren om met problemen en zorgen om te gaan geleerd. De behandeling die u geboden wordt zal dus vooral op de opvattingen over piekeren gericht zijn en veel minder op de steeds wisselende inhoud van het piekeren. Dat kan zeker in het begin lastig zijn, omdat u angstig en bezorgd bent en hierover graag met uw behandelaar wilt praten. Uw behandelaar zal hier uiteraard aandacht aan besteden. Maar uw behandelaar zal vervolgens wel proberen de opvattingen over piekeren helder te krijgen, door telkens te vragen naar uw gedachten over het piekeren in de door u naar voren gebrachte situaties.

WAT GEBEURT ER NU PRECIES IN DE BEHANDELING?

Eerst zullen we de **algemene kenmerken van cognitieve therapie** noemen:
- Kortdurend: de hier beschreven behandeling bestaat uit maximaal 14 sessies van drie kwartier
- Praktisch en doelgericht: volgens een vast behandelplan wordt aan van tevoren vastgestelde doelen gewerkt
- Leren van vaardigheden staat centraal: de behandeling bestaat niet uit alleen maar uit praten of uw jeugd doornemen, maar uit het leren van vaardigheden om zelf anders tegen bepaalde zaken (in uw geval het piekeren) aan te gaan kijken
- Zelfwerkzaamheid: om de vaardigheden goed te leren, moet u oefenen. Uw behandelaar maakt hierover huiswerkafspraken met u.

De metacognitieve therapie voor gegeneraliseerde angststoornis bestaat uit vier fasen:
- In de eerste fase leert u uw negatieve en positieve opvattingen over het piekeren te herkennen. Een voorbeeld van een huiswerkopdracht in deze fase is het maken van een voor- en nadelenlijst van piekeren.
- In de tweede fase leert u negatieve opvattingen over piekeren te onderzoeken en te wijzigen. U leert bijvoorbeeld met behulp van een registratieformulier de argumenten die uw opvatting ondersteunen in kaart te brengen en vervolgens de argumenten die laten zien dat uw gedachte niet of niet helemaal klopt. Op basis van de door u gevonden argumenten kan dan een nieuwe gedachte geformuleerd worden.
Ook wordt u gevraagd experimenten uit te voeren om na te gaan of uw opvattingen over piekeren al dan niet kloppen. We vragen u bijvoorbeeld het gepieker uit te stellen tot een vast, van tevoren afgesproken moment. Zodra het piekeren begint, zegt u tegen uzelf: 'straks om 20.00 uur mag ik piekeren'. Om 20.00 uur roept u dan de thema's die u die dag bezighielden weer op om erover te gaan piekeren. Lukt het om het piekeren uit te stellen, dan pleit dat tegen uw opvatting dat piekeren onbeheersbaar is.
- In de derde fase leert u op dezelfde manier de positieve opvattingen over piekeren (bijvoorbeeld 'piekeren houdt me scherp en alert') te onderzoeken en indien mogelijk te wijzigen.
- In de laatste fase leert u manieren om anders met nieuwe informatie om te gaan dan erover te piekeren. Ook wordt u geleerd veiligheidsgedrag (zoals geruststelling vragen) niet meer toe te passen, en vermijdingsgedrag (zoals het niet meer lezen van krantenberichten over inbraken in de buurt of niet meer kijken naar televisieprogramma's over ziekten) op te geven.

Onderstaand is het metacognitieve model van de gegeneraliseerde angststoornis weergegeven. Er staat ook een ingevuld voorbeeld. In de loop van de therapie zult u samen met uw behandelaar het metacognitieve schema invullen, maar dan specifiek voor uw situatie.

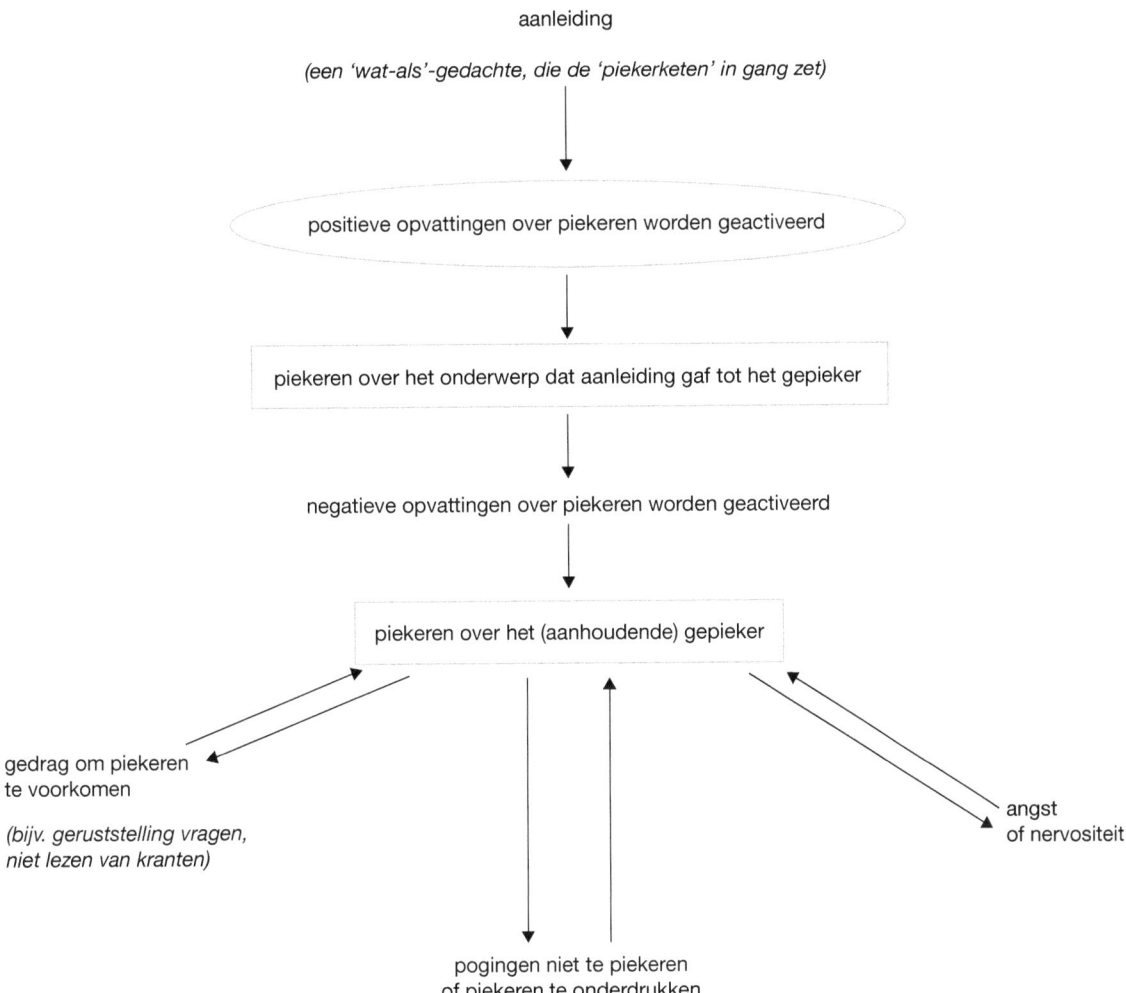

Metacognitief model van de gegeneraliseerde angststoornis – een voorbeeld

aanleiding

*dochter haalt een onvoldoende op school;
gedachte: 'wat als ze haar school niet af kan maken?'*

↓

POSITIEVE OPVATTINGEN OVER PIEKEREN GEACTIVEERD

- *ik moet alle mogelijkheden doornemen, zodat ik kan voorkomen dat ze haar school niet haalt*
- *als ik goed nadenk, kan ik nog in actie komen en problemen op school voorkomen*

↓

gepieker (type 1)
zorgen over mogelijke catastrofes die de dochter kunnen overkomen, zoals:

- *als ze school niet afmaakt krijgt ze geen werk*
- *als ze school niet afmaakt zal ze geen partner krijgen*
- *als ze geen werk en partner vindt, wordt ze depressief en misschien krijgt ze dan zelfmoordneigingen*

↓

NEGATIEVE OPVATTINGEN OVER PIEKEREN GEACTIVEERD
- *ik kan het gepieker niet stoppen*
- *van steeds maar piekeren word je depressief*

↓

piekeren over het (aanhoudende) gepieker (type 2)
- *als ik blijf piekeren, word ik zelf nog depressief*
- *als ik depressief word, gaat mijn vrouw bij me weg*
- *als ik depressief word, willen mijn kinderen me niet meer zien en blijf ik alleen achter*

gedrag om piekeren
te voorkomen
- *bijles geven aan dochter*

pogingen niet te piekeren
of piekeren te onderdrukken
- *afleiding zoeken*
- *positief denken*

emotie
- *angst*
- *hoofdpijn*
- *spanning*

SESSIE 1

Metacognitief model van de gegeneraliseerde angststoornis - invulversie

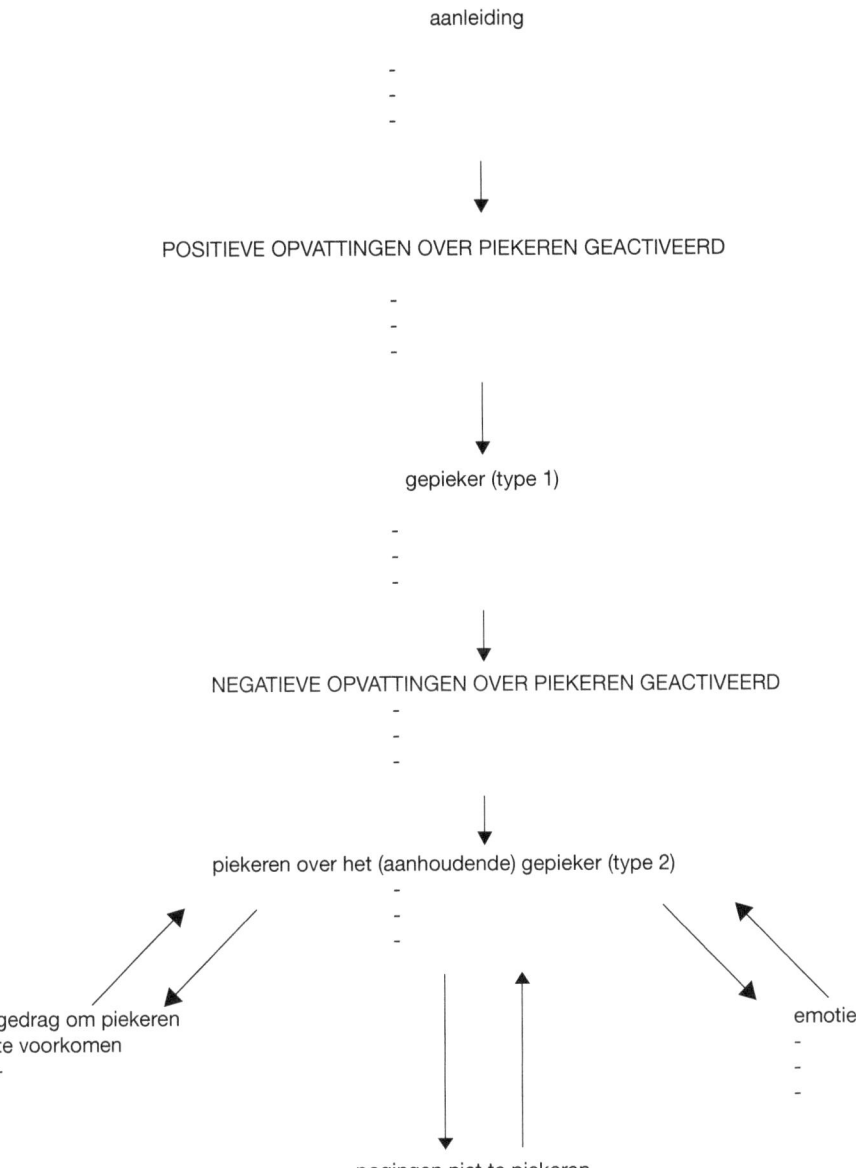

Voorbeeld piekergrafiek

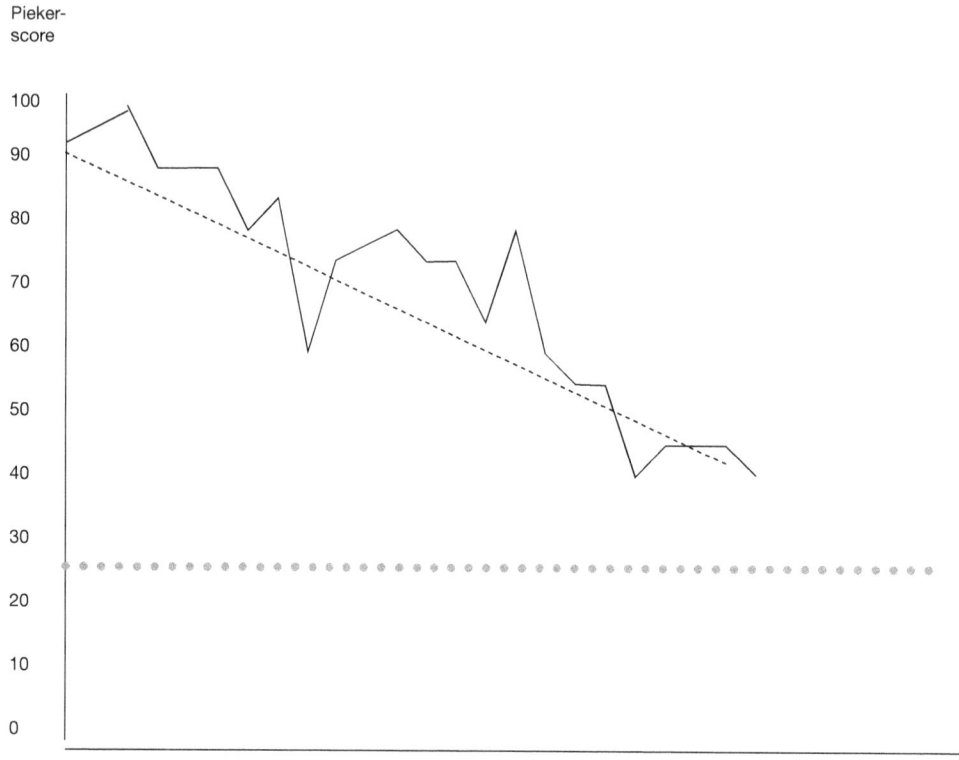

Verloop piekerscores = ─────────

Vooruitgang tussen 1e meting en laatste meting = ─ ─ ─ ─ ─ ─ ─

Gewenst piekerniveau = • • • • • • • • • • •

Sessie 2

Agenda

De agenda van deze sessie bestaat uit de volgende punten:
- opsporen van positieve en negatieve opvattingen over piekeren;
- uitleg over en samen invullen van het piekergedachteschema (PGS);
- bespreking van de piekerregistratie (huiswerk vorige sessie);
- huiswerk voor komende week.

Hieronder worden enkele agendapunten nader toegelicht.

Opsporen van positieve en negatieve opvattingen over piekeren

Er zijn verschillende manieren om opvattingen over het piekeren op het spoor te komen. Ze worden hieronder kort beschreven. Uw behandelaar zal ze met u doornemen in deze sessie (u hoeft ze dus niet uit te voeren in sessie 2). De opgespoorde opvattingen worden genoteerd in een invulversie van het metacognitieve model.

Manieren voor het opsporen van opvattingen over piekeren

a Beantwoord de volgende vragen:
  - 'Wat vind ik van mijn gepieker?' en
  - 'Maak ik me wel eens zorgen over mijn gepieker?'
b Stel een lijst op met de voordelen van piekeren en de nadelen ervan.
c Doe een experiment waarbij u het piekeren oproept en u juist op het piekeren concentreert in plaats van het piekeren te onderdrukken of afleiding te zoeken. Op deze manier kan in de sessie nagegaan worden hoe u over het piekeren denkt, als u het niet probeert te onderdrukken.
d Beantwoord de vraag of u pogingen doet het denken/piekeren te stoppen.
  - Zo ja, wat is de reden hiervan?
  - Zo nee, waarom doet u geen pogingen het piekeren te stoppen?
e Voorafgaand aan de behandeling hebt u de Meta-Cognitieve Vragenlijst ingevuld, die u van uw behandelaar hebt gekregen. Hierin staan onder meer vragen naar positieve opvattingen over piekeren en naar negatieve opvattingen. Door deze vragen door te lopen en na te gaan op welke u hoog scoort, kunnen de metacognities die bij u een rol spelen opgespoord worden.

Uitleg over en samen invullen van het piekergedachteschema (PGS)

In dit werkboek staat aan het eind van deze sessie een piekergedachteschema voor het opsporen van opvattingen over piekeren (metacognities) (zie PGS – opsporen). Uw behandelaar zal dit schema met u doornemen en uitleg geven over de verschillende rubrieken. Deze uitleg staat ook in de informatiefolder 'Opsporen van opvattingen over piekeren met behulp van het piekergedachteschema. Informatie voor cliënten' (zie Informatiefolder Opsporen opvattingen over piekeren, aan het eind van deze sessie). Na de uitleg en het beantwoorden van vragen die u daar misschien over hebt, vult u samen met uw behandelaar een PGS in, aan de hand van een eigen voorbeeld.

Thuiswerk voor komende sessie

- Piekerregistratie (zie Piekerregistratie, aan het eind van deze sessie).
- Lezen informatiefolder 'Opsporen van opvattingen over piekeren met behulp van het piekergedachteschema. Informatie voor cliënten' (zie Informatiefolder Opsporen opvattingen over piekeren, aan het eind van deze sessie).
- Minimaal twee piekergedachteschema's (PGS) voor het opsporen van metacognities invullen (zie PGS – opsporen, aan het eind van deze sessie).
- Verdergaan met de in deze sessie behandelde en/of uitgelegde manieren om metacognities op te sporen (bijv.: maak de voor/nadelenlijst af, of voer het beschreven experiment thuis uit).

PIEKERREGISTRATIEFORMULIER

Met behulp van dit registratieformulier kunt u de tijd bijhouden die u dagelijks besteedt aan piekeren. Dit geeft zicht op uw piekergedrag. De scores zullen in een grafiek bijgehouden worden, waardoor duidelijk wordt of de tijd die u besteedt aan piekeren in de loop van de behandeling afneemt.

Het geven van een score gaat in twee stappen:
Stap 1: bepaal eerst voor uzelf welke categorie het best weergeeft hoeveel tijd u vandaag hebt gepiekerd.
Stap 2: bepaal vervolgens welke score binnen die categorie exact weergeeft hoeveel u gepiekerd hebt. Noteer die score op de lijn van de betreffende dag.

Er zijn zes categorieën:
0 = niet gepiekerd; 1-20 = minimaal; 21-40 = enigszins; 41-60 = gemiddeld; 61-80 = veel, en 81-100 = extreem gepiekerd

Datum:

| 0 | 20 | 40 | 60 | 80 | 100 |

Datum:

| 0 | 20 | 40 | 60 | 80 | 100 |

Datum:

| 0 | 20 | 40 | 60 | 80 | 100 |

Datum:

| 0 | 20 | 40 | 60 | 80 | 100 |

Datum:

| 0 | 20 | 40 | 60 | 80 | 100 |

Datum:

| 0 | 20 | 40 | 60 | 80 | 100 |

Datum:

| 0 | 20 | 40 | 60 | 80 | 100 |

Opsporen van opvattingen over piekeren met behulp van het piekergedachteschema.
Informatie voor patiënten

In de eerste sessies van de behandeling hebt u samen met uw behandelaar in kaart gebracht hoe het gepieker bij u begint en vervolgens 'uit de hand loopt'. Uw behandelaar heeft met u besproken welke opvattingen over piekeren in het piekerproces een rol spelen. Positieve opvattingen over piekeren, zoals 'door te piekeren ben ik in elk geval goed voorbereid op nare dingen die kunnen gebeuren', zorgen ervoor dat u begint te piekeren, zodra u denkt dat er iets vervelends kan gaan gebeuren. In de loop van de tijd hebt u echter ook negatieve opvattingen over piekeren ontwikkeld, doordat het piekeren steeds meer is toegenomen en misschien niet meer goed te stoppen was. De negatieve opvattingen gaan meestal over de onbeheersbaarheid van piekeren ('ik kan het piekeren echt niet meer stoppen!') en de mogelijke nare gevolgen van dat onbeheersbare gepieker ('…straks draai ik helemaal door van al dat gepieker'). Door die negatieve opvattingen gaat u piekeren over het vele gepieker, waardoor uw angst toeneemt. In de behandeling die u aangeboden wordt, de metacognitieve therapie, wordt daarom vooral geprobeerd die opvattingen over het piekeren zelf, de zogenoemde 'metacognities', te veranderen. Door de negatieve opvattingen te veranderen, neemt uw angst af dat u door het gepieker iets naars zal overkomen. Door ook de positieve opvattingen te veranderen, zult u piekeren niet meer, of in elk geval veel minder, gebruiken als manier om met problemen om te gaan. Uiteraard leren we u ook, als dat nodig is, andere manieren aan om met problemen om te gaan.
In de metacognitieve therapie gaan we de opvattingen over het piekeren onderzoeken, om na te gaan of ze juist zijn, onjuist zijn of gedeeltelijk juist zijn. Zijn ze (gedeeltelijk) onjuist, dan proberen we een nieuwe opvatting over piekeren te bedenken, die beter klopt. We gebruiken globaal twee methoden. Eerst gaan we de gedachten onderzoeken met een piekergedachteschema, daarna gaan we ze onderzoeken met behulp van gedragsexperimenten. Over het piekergedachteschema gaat deze informatiefolder. Informatie over gedragsexperimenten ontvangt u in een later stadium van de behandeling.
Om opvattingen over piekeren te kunnen onderzoeken, moeten we eerst weten welke opvattingen u hebt over piekeren. We beginnen dan ook met het opsporen van opvattingen over piekeren. Daarbij gebruiken we het formulier 'Piekergedachteschema – opsporen van opvattingen over piekeren', dat achter deze folder te vinden is. Aan u wordt gevraagd als huiswerk piekersituaties te noteren. Behalve de situatie waarin het piekeren begon, schrijft u op wat de aanleiding tot het piekeren was, waar u precies over piekerde, welke gedachten u over het piekeren zelf had (de metacognities) en de sterkte van de angst die u door het gepieker ervoer.

We zullen een voorbeeld beschrijven, om duidelijk te maken wat in de verschillende kolommen van het piekergedachteschema ingevuld moet worden.

VOORBEELD

Situatie:
Ik zat thuis de krant te lezen

Aanleiding:
Ik las een bericht over inbraken die de afgelopen tijd bij ons in de buurt gepleegd zijn

Zorgelijke gedachten:
Jeetje, wat is er vaak ingebroken de laatste tijd, zeg. Dat gaat vast ook bij ons gebeuren! En stel dat ik wakker word van zo'n inbreker, wat moet ik dan doen? Moet ik er dan uitgaan? Of juist niet? Want straks vermoorden ze me nog! Maar als ik er niet uitga, dan stelen ze al onze spullen. En zijn we dan wel genoeg verzekerd? Want als dat niet zo is, dan kunnen we misschien niet eens nieuwe spullen kopen. En is ons huis wel genoeg beveiligd? Onze sloten zijn misschien niet eens goedgekeurd. En vergoedt de verzekering dan überhaupt wel? Vast niet, en wat moeten we dan? Dan zijn we al onze spullen kwijt en we hebben niet genoeg spaargeld om alles weer nieuw te kopen.

Opvattingen over het piekeren:
Ik wil het stoppen, maar het lukt me niet. Ik word er helemaal gek van, het gaat maar door!

Sterkte van de angst op een schaal van 0 tot 100: 85

Onder **'Situatie'** schrijft u kort op waar u was, met wie, wanneer en wat er gebeurde, op het moment dat u zat te piekeren. Vervolgens noteert u onder **'Aanleiding'** wat de oorzaak was dat u op dat moment begon te piekeren. In het voorbeeld was dat een bericht in de krant over inbrekers. Andere voorbeelden zijn een aankomende verjaardag, een sollicitatiegesprek, uw partner die voor zijn werk op reis moet, pijn in uw buik die u niet kunt verklaren of uw ouders die u onverwacht telefonisch niet kunt bereiken. Onder **'Zorgelijke gedachten'** schrijft u op wat u letterlijk dacht toen u zo zat te piekeren. Hier noteert u dus de inhoud van uw zorgen op dat moment. In de rubriek **'Opvattingen over het piekeren'** beschrijft u de gedachten die u over het gepieker zelf had. Dacht u dat het piekeren op dat moment nuttig was of dat het u hielp een oplossing te vinden? Zo ja, dan noteert u deze positieve opvattingen in deze rubriek. Of werd u bang van het piekeren, bijvoorbeeld omdat u het niet kon stoppen en/of dacht dat u er gek van zou gaan worden? Deze negatieve opvattingen noteert u ook onder **'Opvattingen over het piekeren'**. Mogelijk had u zowel positieve gedachten als negatieve gedachten over het gepieker. In dat geval noteert u beide soorten opvattingen in deze rubriek. Onder **'Sterkte van uw angst op een schaal van 0 tot 100'**, noteert u het getal dat volgens u het best aangeeft hoe angstig u zich voelde door het gepieker. Hierbij geldt: hoe hoger het cijfer, hoe angstiger u zich voelde.

PIEKERGEDACHTESCHEMA (PGS)
Opsporen van opvattingen over piekeren

Datum:

Situatie: *Noteer kort de situatie waarin u piekerde.*

Aanleiding: *Noteer wat de aanleiding van het piekeren was. Het kan zijn dat u begon te piekeren door een bepaalde gedachte of een beeld dat plots in u opkwam, maar ook door bijvoorbeeld het lezen van een krantenbericht of het horen van een bericht van een (belangrijke) ander.*

Zorgelijke gedachten: *Beschrijf kort waarover u piekerde (ofwel: de inhoud van uw zorgen).*

Opvattingen over piekeren: *Sta stil bij gedachten die u over het piekeren zelf hebt/had in deze situatie. Deze gedachten kunnen zowel positief als negatief zijn. Noteer de gedachten hier.*

Sterkte van uw angst op een schaal van 0 tot 100:

Sessie 3

Agenda

De agenda van deze sessie bestaat uit de volgende punten:
- vervolg opsporen van positieve en negatieve opvattingen over piekeren;
- uitleg over het onderzoeken van de negatieve metacognities;
- bespreking van de piekerregistratie (huiswerk vorige sessie);
- bespreking van de ingevulde piekergedachteschema's (PGS) (huiswerk vorige sessie);
- bespreking van het thuis opsporen van opvattingen over piekeren (huiswerk vorige sessie);
- huiswerk voor komende week.

Hieronder worden enkele agendapunten nader toegelicht.

Vervolg opsporen van positieve en negatieve opvattingen over piekeren

In deze sessie wordt doorgegaan met het opsporen van metacognities waarmee begonnen is in sessie 2. Gebruik bij voorkeur de methoden die in de vorige sessie niet aan bod zijn gekomen, of die niet afgemaakt zijn.

Uitleg over het onderzoeken van de negatieve metacognities

In de volgende sessie zal een begin gemaakt worden met het onderzoeken van de negatieve metacognities. U kunt alvast de uitleg lezen in de informatiefolder 'Onderzoeken van opvattingen over piekeren met behulp van het piekergedachteschema. Informatie voor cliënten' (zie Informatiefolder Onderzoeken van opvattingen over piekeren, aan het eind van deze sessie). Na de folder is een bijbehorend piekergedachteschema voor het onderzoeken van opvattingen over piekeren opgenomen, zodat u hier alvast een blik op kunt werpen (zie PGS – onderzoeken, aan het eind van deze sessie).

Thuiswerk voor komende sessie

- Piekerregistratie (zie Piekerregistratie, aan het eind van deze sessie).
- Opsporen van negatieve opvattingen over piekeren met behulp van de in deze en de vorige sessie besproken technieken.

- Minimaal twee piekergedachteschema's (PGS) invullen (zie PGS – opsporen, aan het eind van deze sessie). Let vooral op gedachten over de onbeheersbaarheid van uw gepieker.
- Lezen informatiefolder 'Onderzoeken van opvattingen over piekeren met behulp van het piekergedachteschema. Informatie voor cliënten' (zie Informatiefolder Onderzoeken van opvattingen over piekeren, aan het eind van deze sessie).

PIEKERREGISTRATIEFORMULIER

Met behulp van dit registratieformulier kunt u de tijd bijhouden die u dagelijks besteedt aan piekeren. Dit geeft zicht op uw piekergedrag. De scores zullen in een grafiek bijgehouden worden, waardoor duidelijk wordt of de tijd die u besteedt aan piekeren in de loop van de behandeling afneemt.

Het geven van een score gaat in twee stappen:
Stap 1: bepaal eerst voor uzelf welke categorie het best weergeeft hoeveel tijd u vandaag hebt gepiekerd.
Stap 2: bepaal vervolgens welke score binnen die categorie exact weergeeft hoeveel u gepiekerd hebt. Noteer die score op de lijn van de betreffende dag.

Er zijn zes categorieën:
0 = niet gepiekerd; 1-20 = minimaal; 21-40 = enigszins; 41-60 = gemiddeld; 61-80 = veel, en 81-100 = extreem gepiekerd

Datum:

| 0 | 20 | 40 | 60 | 80 | 100 |

Datum:

| 0 | 20 | 40 | 60 | 80 | 100 |

Datum:

| 0 | 20 | 40 | 60 | 80 | 100 |

Datum:

| 0 | 20 | 40 | 60 | 80 | 100 |

Datum:

| 0 | 20 | 40 | 60 | 80 | 100 |

Datum:

| 0 | 20 | 40 | 60 | 80 | 100 |

Datum:

| 0 | 20 | 40 | 60 | 80 | 100 |

PIEKERGEDACHTESCHEMA (PGS)
Opsporen van opvattingen over piekeren

Datum:

Situatie: *Noteer kort de situatie waarin u piekerde.*

Aanleiding: *Noteer wat de aanleiding van het piekeren was. Het kan zijn dat u begon te piekeren door een bepaalde gedachte of een beeld dat plots in u opkwam, maar ook door bijvoorbeeld het lezen van een krantenbericht of het horen van een bericht van een (belangrijke) ander.*

Zorgelijke gedachten: *Beschrijf kort waarover u piekerde (ofwel: de inhoud van uw zorgen).*

Opvattingen over piekeren: *Sta stil bij gedachten die u over het piekeren zelf hebt/had in deze situatie. Deze gedachten kunnen zowel positief als negatief zijn. Noteer de gedachten hier.*

Sterkte van uw angst op een schaal van 0 tot 100:

Onderzoeken van opvattingen over piekeren met behulp van het piekergedachtenschema.
Informatie voor patiënten

U hebt de afgelopen tijd geoefend met het opsporen van opvattingen over piekeren met behulp van het piekergedachteschema (opsporen) (zie bijvoorbeeld achter aan fase 2, sessie 3 van dit werkboek). De volgende stap in de behandeling is om de door u opgespoorde negatieve en positieve opvattingen te gaan onderzoeken, om na te gaan of ze wel (helemaal) kloppen. Hiervoor gebruikt u het piekergedachteschema (onderzoeken) dat achter deze folder zit. Vaak blijkt dan dat u uw aandacht alleen hebt gericht op argumenten die uw opvatting(en) over piekeren ondersteunen, zoals situaties waarin het u niet lukte het piekeren te stoppen. U had geen aandacht voor (of negeerde het zelfs) informatie die laat zien dat uw opvatting niet (helemaal) klopt. Zoals het feit dat u in uw leven heel vaak gepiekerd hebt, maar er nooit bijvoorbeeld van bent doorgedraaid (wat veel mensen met een gegeneraliseerde angststoornis vrezen). Door na te gaan of uw opvattingen al dan niet kloppen, leert u uw aandacht ook weer op informatie te richten, die in strijd is met uw opvattingen over piekeren. Op basis van de door u zelf verzamelde argumenten die voor en tegen de opvatting pleiten, is het vaak mogelijk een meer evenwichtige gedachte over piekeren te formuleren. Zo'n nieuwe evenwichtige opvatting leidt meestal tot een ander gevoel dan de oorspronkelijke negatieve of positieve opvatting over piekeren.

Als eerste stap bij het onderzoeken van uw opvatting bedenkt u **welke argumenten deze opvatting over piekeren ondersteunen.** Deze bewijzen noteert u in de desbetreffende rubriek van het piekergedachteschema (onderzoeken). Bijvoorbeeld: 'de zorgen blijven maar in mijn hoofd zitten, ik pieker nu al jaren over van alles en nog wat en mijn moeder tobde ook overal over, dus het zit in de familie', kunnen als argumenten gelden voor de opvatting dat piekeren onbeheersbaar is. Deze bewijzen zijn waarschijnlijk gemakkelijk op te sommen voor u, want in piekersituaties richt u hier uw aandacht op. Soms (maar lang niet altijd!) gebeurt het dat u geen bewijzen kunt vinden die uw opvatting over piekeren ondersteunen. In dat geval zult u waarschijnlijk meteen concluderen dat uw opvatting niet meer klopt, maar min of meer een gewoonte is geworden.

De volgende stap is het nadenken over **argumenten die in strijd zijn met de opvatting over piekeren.** Deze stap is over het algemeen wat moeilijker, omdat u niet gewend bent uw aandacht daarop te richten. Om u bij deze stap te helpen is een aantal **hulpvragen** geformuleerd, die kunnen helpen om argumenten te vinden die in strijd zijn met uw opvatting over piekeren.

■ HULPVRAGEN

1) Welke argumenten pleiten tegen de opvatting over piekeren? Het u ervaringen gehad die laten zien dat uw opvatting niet altijd of niet volledig klopt? Welke aanwijzingen zijn er die aantonen dat de opvatting over piekeren niet klopt?

2) Is er iemand aan wiens mening u veel waarde hecht? Het mogen ook meerdere personen zijn. Welke argumenten zouden zij aandragen die in strijd zijn met uw opvatting over piekeren? En wat vindt u van deze argumenten?

3) Stel dat iemand anders uw opvatting over piekeren zou hebben, bijvoorbeeld een goede vriend(in), familielid, collega of kennis, wat zou u dan tegen hem/haar zeggen? Zou u argumenten aanvoeren dat de opvatting misschien niet (helemaal) klopt? En zou u dat alleen doen ter geruststelling, of zou u het echt menen? En zouden deze argumenten ook op uw opvatting over piekeren van toepassing kunnen zijn, of gelden voor u 'andere regels'?

4) Als u voor een rechtbank of geschillencommissie zou moeten verschijnen, wat zou u dan kunnen aanvoeren als bewijs tegen de opvatting over piekeren?

5) Stel dat we 20 jaar verder zijn en u bent ouder en wijzer. U denkt terug aan uw opvattingen over piekeren. Welke argumenten zou u dan kunnen aanvoeren die pleiten tegen de opvatting over piekeren?

6) Zijn er mensen in uw familie of vriendenkring, die van mening zijn dat de opvatting over piekeren niet klopt? Zo ja, om welke redenen?

7) Als u een negatieve opvatting onderzoekt: hoe vaak hebt u in uw leven al gepiekerd en hoe vaak zijn de gevreesde gevolgen van het piekeren uitgekomen? Zo nee, wat betekent dat voor uw negatieve opvatting over piekeren?

8) Als u een positieve opvatting onderzoekt: zijn er situaties in uw leven geweest waar u niet over piekerde? Zo ja, hoe zijn die afgelopen? Als deze situaties ook wel eens goed afgelopen zijn: wat betekent dat voor uw positieve opvatting over piekeren?

U hoeft niet op elke vraag een antwoord te hebben. Mogelijk hebt u maar op één of enkele vragen een antwoord. Elk argument is er één en laat zien dat er in elk geval ook een andere kijk op piekeren mogelijk is. Ook kan het zijn dat u zelf vragen bedenkt die u helpen bij het vinden van bewijzen; dat is uiteraard prima. Het gaat erom dat u argumenten vindt die laten zien dat uw opvatting over piekeren niet (helemaal) klopt.

Als u geen andere argumenten meer kunt bedenken, gaat u door met de volgende rubriek van het piekergedachteschema (onderzoeken): **het formuleren van een alternatieve, evenwichtige opvatting over piekeren.** Deze nieuwe opvatting kunt u baseren op de genoteerde argumenten. De argumenten die uw opvatting ondersteunen mogen best in de nieuwe gedachte terugkomen, want ook die argumenten zijn meestal reëel. Het verschil is dat in de nieuwe gedachte ook de argumenten terugkomen die in strijd zijn met de opvatting over piekeren. Daardoor ontstaat een meer evenwichtige gedachte, die recht doet aan zowel de argumenten voor als tegen de opvatting over piekeren die u hebt onderzocht. De volgende twee hulpvragen kunnen u helpen om een alternatieve opvatting over piekeren te bedenken.

■ HULPVRAGEN

1) Hoe kan ik op basis van de genoteerde argumenten 'voor' en 'tegen' de opvatting over piekeren op een andere manier tegen dit piekeren aankijken?

2) Vat de argumenten die de opvatting over piekeren ondersteunen in één zin samen. Vat daarna de argumenten die in strijd zijn met de opvatting over piekeren in één zin samen. Verbind de twee zinnen door het woord 'maar' ertussen te zetten. Ga voor uzelf na of de nieuwe zin zowel de argumenten 'voor' als de argumenten 'tegen' de opvatting over piekeren voldoende weergeeft.

Als u een evenwichtige opvatting over piekeren hebt geformuleerd, is het goed om na te gaan of deze opvatting voor u echt **geloofwaardig** is. Want een nieuwe opvatting die u zelf niet geloofwaardig vindt, zal u niet helpen. De geloofwaardigheid kunt u aangeven met een cijfer tussen de 0 (totaal ongeloofwaardig) en 100 (volledig geloofwaardig). Vindt u de nieuwe opvatting niet zo geloofwaardig, dan kunt u het formulier nog eens nalopen: zijn de argumenten die in strijd zijn met uw gedachte niet correct, bent u argumenten vergeten op te schrijven of komen de argumenten niet goed terug in de nieuwe gedachte? Uiteraard kunt u dit ook bespreken met uw behandelaar. Vindt u de nieuwe opvatting geloofwaardig, dan gaat u over tot de laatste rubriek van het piekergedachteschema: het **beoordelen van het resultaat van het onderzoek.**

Hebt u een negatieve opvatting over piekeren onderzocht, zoals 'ik kan geen enkele invloed op mijn gepieker uitoefenen', dan vragen we u te proberen zich voor te stellen dat u in de toekomst weer piekert over het onderwerp van uw zorgen, dat u in dit piekergedachteschema (onderzoeken) hebt genoteerd. Maar deze keer lukt het u uw nieuwe opvatting over piekeren in gedachten te nemen. Wat zou het gevolg daarvan zijn voor uw angstige gevoelens? Zou uw angst afnemen, of zou u misschien heel andere gevoelens ervaren? Neemt de sterkte van uw angst niet af, dan kunt u alle stappen van het piekergedachteschema nog eens nalopen: zijn de bewijzen die in strijd zijn met uw gedachte niet correct, komt de bewijsvoering niet goed terug in de nieuwe opvatting, is de nieuwe gedachte toch niet geloofwaardig genoeg? Uiteraard kunt u ook dit bespreken met uw behandelaar.

Hebt u een positieve opvatting onderzocht, dan is de vraag die u zichzelf kunt stellen: 'zou ik in een vergelijkbare situatie weer gaan piekeren of zou ik iets anders doen om met de zorgelijke situatie om te gaan, als ik aan mijn nieuwe opvatting over piekeren denk?' Is uw conclusie dat u toch weer zou gaan piekeren, dan is het goed alle stappen van het piekergedachteschema nog eens door te nemen: zijn de bewijzen die in strijd zijn met uw gedachte niet correct, komt de bewijsvoering niet goed terug in de nieuwe opvatting, is de nieuwe gedachte toch niet geloofwaardig genoeg? Uiteraard kunt u ook dit bespreken met uw behandelaar.

PIEKERGEDACHTESCHEMA (PGS)
Onderzoeken van opvattingen over piekeren

Noteer de opvatting over piekeren die u wilt onderzoeken:

_____
_____

Argumenten die de opvatting over piekeren ondersteunen: *Noteer ervaringen die u hebt meegemaakt, die laten zien dat uw opvatting klopt, of feiten of bewijzen die u kunt vinden die uw gedachte ondersteunen.*

_____
_____
_____

Argumenten die in strijd zijn met de opvatting over piekeren: *Noteer ervaringen die laten zien dat de opvatting niet of niet helemaal klopt, of feiten of bewijzen die laten zien dat de gedachte niet (helemaal) juist is. Maak hierbij gebruik van de lijst met hulpvragen uit de folder 'Onderzoeken van opvattingen over piekeren met behulp van het piekergedachteschema. Informatie voor patiënten' (zie werkboek, fase 1, sessie 3).*

_____
_____
_____
_____
_____

Alternatieve evenwichtige opvatting: *Trek conclusies over de onderzochte opvatting over piekeren op basis van de argumenten die u hebt opgeschreven. Klopt de opvatting nog (helemaal)? Zo nee, kunt u een nieuwe, meer evenwichtige gedachte formuleren? Maak ook hier gebruik van de lijst met hulpvragen uit de folder in het werkboek. Als u een nieuwe opvatting hebt geformuleerd, ga dan na of u deze gedachte geloofwaardig vindt (door een score te geven tussen 0 en 100% geloofwaardig).*

_____
_____
_____
_____
_____

Resultaten van het onderzoek:
Bij negatieve opvattingen over piekeren: *Stel dat u weer over de beschreven zaken zou piekeren en u denkt aan uw nieuwe opvatting, wat zou dan het gevolg daarvan zijn voor uw gevoelens van angst? Zou de sterkte van uw angst veranderen op de schaal lopend van 0 tot 100? Zou u wellicht andere gevoelens ervaren als u de nieuwe gedachte over het piekeren zou gebruiken op momenten dat u piekert? Zo ja, welke en hoe sterk zouden deze zijn?*

_____
_____

Bij positieve opvattingen over piekeren: *Zou u op basis van de nieuwe gedachte weer gaan piekeren als u in een vergelijkbare situatie terecht zou komen? Of zou u iets anders doen? Zo ja, wat?*

_____
_____

Sessie 4

Agenda

De agenda van deze sessie bestaat uit de volgende punten:
- samen onderzoeken van de onbeheersbaarheid van piekeren;
- korte bespreking van de piekerregistratie (huiswerk vorige sessie);
- bespreking van de thuis opgespoorde metacognities (huiswerk vorige sessie);
- bespreking van de ingevulde piekergedachteschema's (PGS) (huiswerk vorige sessie);
- uitleg van het piekergedachteschema voor het onderzoeken van opvattingen over piekeren;
- huiswerk voor komende week.

Hieronder worden enkele agendapunten nader toegelicht.

Samen onderzoeken van de onbeheersbaarheid van piekeren met behulp van een PGS

U onderzoekt in deze sessie samen met uw behandelaar een negatieve opvatting, over de onbeheersbaarheid van piekeren.

U kiest eerst een van de negatieve opvattingen uit, die u wilt gaan onderzoeken. Begonnen wordt met een negatieve opvatting over de onbeheersbaarheid van piekeren. Aan de opvattingen over de onbeheersbaarheid van piekeren wordt de komende drie sessies gewerkt. Pas in de volgende fase worden negatieve opvattingen over de mogelijke gevaren van piekeren onderzocht. Samen met uw behandelaar gaat u na of de opvatting klopt, gedeeltelijk klopt of helemaal niet klopt. Het onderzoeken van gedachten zal eerst 'verbaal' gebeuren, bijvoorbeeld door eerst na te gaan welke argumenten u hebt die de opvatting ondersteunen en vervolgens welke argumenten u hebt die laten zien dat de opvatting misschien niet (helemaal) klopt. Uw behandelaar zal u vragen stellen, die u op het spoor kunnen brengen van zulke argumenten. Hij/zij zal geen argumenten aandragen, want het gaat erom dat u zelf argumenten bedenkt die voor u van waarde zijn. Op basis van de argumenten die u bedacht hebt, kan een meer evenwichtige opvatting over piekeren geformuleerd worden, die minder angst oproept. Onderstaand een voorbeeld van het 'resultaat' van zo'n onderzoek.

Voorbeeld

Argumenten die pleiten voor de opvatting dat piekeren onbeheersbaar is:
- *de zorgen blijven maar in mijn hoofd zitten*
- *ik pieker nu al jaren over van alles en nog wat*
- *mijn moeder tobde ook overal over, het zit in de familie*

Argumenten die laten zien dat deze opvatting over piekeren niet of niet helemaal waar is:
- *als ik me moet concentreren op mijn werk, kan ik minder goed piekeren*
- *als ik aan het handballen ben, pieker ik niet*
- *gitaar spelen helpt wel; zodra ik dat ga doen, stopt het piekeren*
- *soms lukt het me te relativeren en dan wordt het piekeren wel minder*

Een nieuwe opvatting over piekeren, die recht doet aan de gevonden argumenten:
Ik pieker al jaren, maar soms kan ik het piekeren wel stoppen, dus het is niet volledig onbeheersbaar

Wellicht kunt u zich voorstellen dat de laatste, nieuwe gedachte uit het voorbeeld tot minder angst voor piekeren zal leiden.

Uitleg van het piekergedachteschema voor het onderzoeken van opvattingen over piekeren

In deze sessie wordt het piekergedachteschema (PGS) geïntroduceerd voor het onderzoeken van gedachten over piekeren (PGS – onderzoeken, aan het eind van deze sessie). Uw behandelaar zal dit PGS met u bespreken. U hebt als huiswerk voor deze sessie al de informatiefolder 'Onderzoeken van opvattingen over piekeren met behulp van het piekergedachteschema. Informatie voor cliënten' (Informatiefolder Onderzoeken van opvattingen over piekeren, aan het eind van sessie 3) gelezen. Hierin kunt u de uitleg terugvinden en nalezen. In deze informatiefolder staat ook een aantal hulpvragen die u kunt gebruiken bij de rubrieken 'argumenten die in strijd zijn met de opvatting over piekeren' en 'alternatieve evenwichtige opvatting'.

Thuiswerk voor komende sessie

- Piekerregistratie (zie Piekerregistratie, aan het eind van deze sessie).
- Minimaal twee piekergedachteschema's (PGS) invullen (zie PGS – opsporen en PGS – onderzoeken, aan het eind van deze sessie). Let vooral op opvattingen over de onbeheersbaarheid van uw gepieker.

PIEKERREGISTRATIEFORMULIER

Met behulp van dit registratieformulier kunt u de tijd bijhouden die u dagelijks besteedt aan piekeren. Dit geeft zicht op uw piekergedrag. De scores zullen in een grafiek bijgehouden worden, waardoor duidelijk wordt of de tijd die u besteedt aan piekeren in de loop van de behandeling afneemt.

Het geven van een score gaat in twee stappen:
Stap 1: bepaal eerst voor uzelf welke categorie het best weergeeft hoeveel tijd u vandaag hebt gepiekerd.
Stap 2: bepaal vervolgens welke score binnen die categorie exact weergeeft hoeveel u gepiekerd hebt. Noteer die score op de lijn van de betreffende dag.

Er zijn zes categorieën:
0 = niet gepiekerd; 1-20 = minimaal; 21-40 = enigszins; 41-60 = gemiddeld; 61-80 = veel, en 81-100 = extreem gepiekerd

Datum:

| 0 | 20 | 40 | 60 | 80 | 100 |

Datum:

| 0 | 20 | 40 | 60 | 80 | 100 |

Datum:

| 0 | 20 | 40 | 60 | 80 | 100 |

Datum:

| 0 | 20 | 40 | 60 | 80 | 100 |

Datum:

| 0 | 20 | 40 | 60 | 80 | 100 |

Datum:

| 0 | 20 | 40 | 60 | 80 | 100 |

Datum:

| 0 | 20 | 40 | 60 | 80 | 100 |

PIEKERGEDACHTESCHEMA (PGS)
Opsporen van opvattingen over piekeren

Datum:

Situatie: *Noteer kort de situatie waarin u piekerde.*

Aanleiding: *Noteer wat de aanleiding van het piekeren was. Het kan zijn dat u begon te piekeren door een bepaalde gedachte of een beeld dat plots in u opkwam, maar ook door bijvoorbeeld het lezen van een krantenbericht of het horen van een bericht van een (belangrijke) ander.*

Zorgelijke gedachten: *Beschrijf kort waarover u piekerde (ofwel: de inhoud van uw zorgen).*

Opvattingen over piekeren: *Sta stil bij gedachten die u over het piekeren zelf hebt/had in deze situatie. Deze gedachten kunnen zowel positief als negatief zijn. Noteer de gedachten hier.*

Sterkte van uw angst op een schaal van 0 tot 100:

PIEKERGEDACHTESCHEMA (PGS)
Onderzoeken van opvattingen over piekeren

Noteer de opvatting over piekeren die u wilt onderzoeken:

_____
_____

Argumenten die de opvatting over piekeren ondersteunen: *Noteer ervaringen die u hebt meegemaakt, die laten zien dat uw opvatting klopt, of feiten of bewijzen die u kunt vinden die uw gedachte ondersteunen.*

_____
_____
_____

Argumenten die in strijd zijn met de opvatting over piekeren: *Noteer ervaringen die laten zien dat de opvatting niet of niet helemaal klopt, of feiten of bewijzen die laten zien dat de gedachte niet (helemaal) juist is. Maak hierbij gebruik van de lijst met hulpvragen uit de folder 'Onderzoeken van opvattingen over piekeren met behulp van het piekergedachteschema. Informatie voor patiënten' (zie werkboek, fase 1, sessie 3).*

_____
_____
_____
_____

Alternatieve evenwichtige opvatting: *Trek conclusies over de onderzochte opvatting over piekeren op basis van de argumenten die u hebt opgeschreven. Klopt de opvatting nog (helemaal)? Zo nee, kunt u een nieuwe, meer evenwichtige gedachte formuleren? Maak ook hier gebruik van de lijst met hulpvragen uit de folder in het werkboek. Als u een nieuwe opvatting hebt geformuleerd, ga dan na of u deze gedachte geloofwaardig vindt (door een score te geven tussen 0 en 100% geloofwaardig).*

_____
_____
_____
_____

Resultaten van het onderzoek:
Bij negatieve opvattingen over piekeren: *Stel dat u weer over de beschreven zaken zou piekeren en u denkt aan uw nieuwe opvatting, wat zou dan het gevolg daarvan zijn voor uw gevoelens van angst? Zou de sterkte van uw angst veranderen op de schaal lopend van 0 tot 100? Zou u wellicht andere gevoelens ervaren als u de nieuwe gedachte over het piekeren zou gebruiken op momenten dat u piekert? Zo ja, welke en hoe sterk zouden deze zijn?*

_____
_____

Bij positieve opvattingen over piekeren: *Zou u op basis van de nieuwe gedachte weer gaan piekeren als u in een vergelijkbare situatie terecht zou komen? Of zou u iets anders doen? Zo ja, wat?*

_____
_____

Sessie 5

Agenda

De agenda van deze sessie bestaat uit de volgende punten:
- onderzoeken van de onbeheersbaarheid van piekeren;
- uitleg over en afspreken van gedragsexperiment om de onbeheersbaarheid van piekeren te onderzoeken;
- bespreking van de piekerregistratie (huiswerk vorige sessie);
- bespreking van de ingevulde piekergedachteschema's (PGS) (huiswerk vorige sessie);
- huiswerk voor komende week.

Hieronder worden enkele agendapunten nader toegelicht.

Onderzoeken van de onbeheersbaarheid van piekeren

Net als in sessie 4 kiest u een negatieve opvatting over de onbeheersbaarheid van het piekeren uit, die u wilt onderzoeken in deze sessie. Samen met uw behandelaar gaat u weer na of de opvatting klopt, gedeeltelijk klopt of helemaal niet klopt, door argumenten te bedenken die de gedachte ondersteunen en argumenten die met de opvatting in strijd zijn. Op basis van deze argumenten probeert u weer een nieuwe opvatting over de onbeheersbaarheid van piekeren te bedenken.

Uw behandelaar zal in deze sessie ook een andere methode uitleggen om na te gaan of uw opvattingen kloppen. Hierbij wordt u gevraagd na te denken of u zich situaties kunt herinneren waarin het wel lukte de aandacht van het piekeren af te leiden. Zo ja: wat is de betekenis van deze ervaringen voor uw opvatting dat piekeren onbeheersbaar is? Zouden deze situaties voor u ook kunnen tellen als 'bewijzen die in strijd zijn met de opvatting dat piekeren onbeheersbaar is'?

Uitleg over en afspreken van een gedragsexperiment om de onbeheersbaarheid van piekeren te onderzoeken

Tot nu toe is gebruikgemaakt van piekergedachteschema's om na te gaan of uw opvattingen al dan niet kloppen. Daardoor bent u mogelijk al anders gaan denken over de onbeheersbaarheid van piekeren. De volgende stap is om nu ook in de praktijk na te gaan of piekeren onbeheersbaar is of toch beter beheersbaar dan u denkt. Dit zal gebeuren met behulp van experimenten die u samen met uw behandelaar bedenkt en afspreekt. De experimenten voert u als huiswerk uit. Bij het opstellen van de experimenten wordt gebruikgemaakt van het formulier 'Gedragsexperimenten voor het onderzoeken van negatieve opvattingen over piekeren' (zie Gedragsexperimenten – negatieve opvattingen, aan het eind van deze sessie). Uw behandelaar zal de verschillende rubrieken van het formulier met u doornemen, en samen met u een eerste experiment afspreken. Dit experiment wordt op het formulier genoteerd. U kunt de uitleg nalezen in de informatiefolder 'Gedragsexperimenten voor het onderzoeken van opvattingen over piekeren. Informatie voor clienten' (zie Informatiefolder Gedragsexperimenten, aan het eind van deze sessie).

In dit eerste experiment wordt u gevraagd het piekeren uit te stellen tot een vast moment op de dag, zodra u begint te piekeren. Het is erg belangrijk niet te wachten tot het piekeren al een tijdje bezig is, maar het piekeren uit te stellen zodra het begint. Want als het piekeren eenmaal begonnen is, dan wordt het steeds moeilijker het uit te stellen. Het moment waarnaar u het piekeren uitstelt, wordt van tevoren afgesproken. Deze momenten noemen we 'gecontroleerde piekerperioden'. Het doel van dit experiment is om na te gaan of het lukt om het piekeren uit te stellen. Want als dat lukt, dan betekent dit dat het piekeren niet zo onbeheersbaar is als u vooraf misschien dacht.

Thuiswerk voor komende sessie

- Piekerregistratie (zie Piekerregistratie, aan het eind van deze sessie).
- Minimaal twee piekergedachteschema's (PGS) invullen (zie PGS – opsporen en PGS – onderzoeken, aan het eind van deze sessie). Let vooral op opvattingen over de onbeheersbaarheid van uw gepieker.
- Lezen informatiefolder 'Gedragsexperimenten voor het onderzoeken van opvattingen over piekeren. Informatie voor clienten' (zie Informatiefolder Gedragsexperimenten, aan het eind van deze sessie).
- Dagelijks het ' piekeruitstel'-experiment uitvoeren.

PIEKERREGISTRATIEFORMULIER

Met behulp van dit registratieformulier kunt u de tijd bijhouden die u dagelijks besteedt aan piekeren. Dit geeft zicht op uw piekergedrag. De scores zullen in een grafiek bijgehouden worden, waardoor duidelijk wordt of de tijd die u besteedt aan piekeren in de loop van de behandeling afneemt.

Het geven van een score gaat in twee stappen:
Stap 1: bepaal eerst voor uzelf welke categorie het best weergeeft hoeveel tijd u vandaag hebt gepiekerd.
Stap 2: bepaal vervolgens welke score binnen die categorie exact weergeeft hoeveel u gepiekerd hebt. Noteer die score op de lijn van de betreffende dag.

Er zijn zes categorieën:
0 = niet gepiekerd; 1-20 = minimaal; 21-40 = enigszins; 41-60 = gemiddeld; 61-80 = veel, en 81-100 = extreem gepiekerd

Datum:

0   20   40   60   80   100

Datum:

0   20   40   60   80   100

Datum:

0   20   40   60   80   100

Datum:

0   20   40   60   80   100

Datum:

0   20   40   60   80   100

Datum:

0   20   40   60   80   100

Datum:

0   20   40   60   80   100

PIEKERGEDACHTESCHEMA (PGS)
Opsporen van opvattingen over piekeren

Datum:

Situatie: *Noteer kort de situatie waarin u piekerde.*

Aanleiding: *Noteer wat de aanleiding van het piekeren was. Het kan zijn dat u begon te piekeren door een bepaalde gedachte of een beeld dat plots in u opkwam, maar ook door bijvoorbeeld het lezen van een krantenbericht of het horen van een bericht van een (belangrijke) ander.*

Zorgelijke gedachten: *Beschrijf kort waarover u piekerde (ofwel: de inhoud van uw zorgen).*

Opvattingen over piekeren: *Sta stil bij gedachten die u over het piekeren zelf hebt/had in deze situatie. Deze gedachten kunnen zowel positief als negatief zijn. Noteer de gedachten hier.*

Sterkte van uw angst op een schaal van 0 tot 100:

PIEKERGEDACHTESCHEMA (PGS)
Onderzoeken van opvattingen over piekeren

Noteer de opvatting over piekeren die u wilt onderzoeken:
_____
_____
_____

Argumenten die de opvatting over piekeren ondersteunen: *Noteer ervaringen die u hebt meegemaakt, die laten zien dat uw opvatting klopt, of feiten of bewijzen die u kunt vinden die uw gedachte ondersteunen.*
_____
_____
_____
_____

Argumenten die in strijd zijn met de opvatting over piekeren: *Noteer ervaringen die laten zien dat de opvatting niet of niet helemaal klopt, of feiten of bewijzen die laten zien dat de gedachte niet (helemaal) juist is. Maak hierbij gebruik van de lijst met hulpvragen uit de folder 'Onderzoeken van opvattingen over piekeren met behulp van het piekergedachteschema. Informatie voor patiënten' (zie werkboek, fase 1, sessie 3).*
_____
_____
_____
_____
_____

Alternatieve evenwichtige opvatting: *Trek conclusies over de onderzochte opvatting over piekeren op basis van de argumenten die u hebt opgeschreven. Klopt de opvatting nog (helemaal)? Zo nee, kunt u een nieuwe, meer evenwichtige gedachte formuleren? Maak ook hier gebruik van de lijst met hulpvragen uit de folder in het werkboek. Als u een nieuwe opvatting hebt geformuleerd, ga dan na of u deze gedachte geloofwaardig vindt (door een score te geven tussen 0 en 100% geloofwaardig).*
_____
_____
_____
_____
_____

Resultaten van het onderzoek:
Bij negatieve opvattingen over piekeren: *Stel dat u weer over de beschreven zaken zou piekeren en u denkt aan uw nieuwe opvatting, wat zou dan het gevolg daarvan zijn voor uw gevoelens van angst? Zou de sterkte van uw angst veranderen op de schaal lopend van 0 tot 100? Zou u wellicht andere gevoelens ervaren als u de nieuwe gedachte over het piekeren zou gebruiken op momenten dat u piekert? Zo ja, welke en hoe sterk zouden deze zijn?*
_____
_____
_____

Bij positieve opvattingen over piekeren: *Zou u op basis van de nieuwe gedachte weer gaan piekeren als u in een vergelijkbare situatie terecht zou komen? Of zou u iets anders doen? Zo ja, wat?*
_____
_____
_____

Gedragsexperimenten voor het onderzoeken van opvattingen over piekeren.
Informatie voor patiënten

De afgelopen periode hebt u eerst geoefend met het opsporen van opvattingen over piekeren. Vervolgens bent u deze opvattingen gaan onderzoeken met behulp van het piekergedachteschema. Waarschijnlijk was het resultaat van deze onderzoeken dat u tot de ontdekking bent gekomen dat uw opvattingen over piekeren niet zo vanzelfsprekend waren als u altijd dacht. Mogelijk is het u al gelukt nieuwe, meer evenwichtige opvattingen over piekeren te formuleren. Tot nu toe gebeurde het onderzoeken van de opvattingen over piekeren vooral 'op papier'. De beste methode om na te gaan welke opvattingen het best kloppen, de oude of de nieuwe, is door ze in de praktijk te gaan testen. Want als u merkt dat u 'in het echt' inderdaad niet gek wordt van piekeren, of als u merkt dat uw gepieker helemaal niet tot betere prestaties of tot het voorkomen van nare gebeurtenissen leidt, dan zult u steeds meer overtuigd raken van de geloofwaardigheid van de nieuwe opvattingen. En de oude opvattingen zullen steeds minder geloofwaardig voor u worden. Om de opvattingen in de praktijk te toetsen, maken we gebruik van zogenoemde **gedragsexperimenten**.

Bij een gedragsexperiment wordt begonnen met het selecteren van de opvatting over piekeren die u wilt gaan onderzoeken. Dit kunt u samen met uw behandelaar bespreken. Vervolgens formuleert u een alternatieve, evenwichtige opvatting over piekeren. Het experiment dat gedaan gaat worden helpt u om na te gaan welke van de twee opvattingen het meest kloppend is. Met uw behandelaar spreekt u af wat u precies gaat doen om de opvattingen over piekeren te toetsen, wanneer u dat gaat doen, hoe vaak en eventueel met wie. Als laatste stap voordat u het experiment gaat uitvoeren bedenkt u, samen met uw behandelaar, verschillende manieren waarop het experiment zou kunnen aflopen. Voor elke mogelijke afloop die u bedenkt, beoordeelt u of dit een bewijs vormt dat de oude opvatting over piekeren klopt, of dat deze afloop juist pleit voor de juistheid van de alternatieve opvatting. Pas nadat al deze stappen doorlopen zijn, voert u het afgesproken experiment uit. Hieronder geven we een voorbeeld van een ingevuld Formulier gedragsexperimenten voor het onderzoeken van negatieve opvattingen over piekeren.

VOORBEELD

Datum: *18 juli*

Formuleer de negatieve opvatting die getest wordt (en de geloofwaardigheid):
van voortdurend piekeren draai ik door (geloofwaardigheid: 80%)

Formuleer een alternatieve opvatting over piekeren (en de geloofwaardigheid):
van piekeren draai ik niet door (geloofwaardigheid: 40%)

Gedragsexperiment: wat ga ik doen om te onderzoeken of de negatieve opvatting over piekeren klopt en hoe ga ik het doen?
Als het piekeren begint, zal ik het niet uitstellen en ook niet proberen het te stoppen. Ik zal juist proberen erger te gaan piekeren dan ik normaal al doe. Ik zal dat minstens één keer per dag doen.

---

1 Gedragsexperimenten voor het onderzoeken van opvattingen over piekeren

> Welke mogelijke uitkomsten van het experiment ondersteunen:
> De negatieve opvatting?:
> - ik word opgenomen in een gekkenhuis
> - ik ga zo raar doen dat mensen me uitlachen of juist aan me vragen of ik wel in orde ben
> - mijn partner belt de dokter omdat ze denkt dat ik gek geworden ben
> - ik kan geen gesprekken meer met anderen voeren
> - ik word weggestuurd van mijn werk omdat ik gek doe
>
> De alternatieve opvatting over piekeren?:
> - ik raak gespannen van het erger piekeren, maar het piekeren wordt na een tijd vanzelf minder
> - ik word wel moe en bang, maar niet gek
> - het is een hele nare ervaring, maar ik hoef niet opgenomen te worden in een gekkenhuis
> - het lukt niet om erger te piekeren

Als u het experiment hebt uitgevoerd, vult u de laatste twee rubrieken van het Formulier gedragsexperimenten in. Onder **'Resultaten'** beschrijft u wat er gebeurde toen u het experiment uitvoerde. Hoe verliep het experiment precies? Wat was de uitkomst van het experiment? Ook noteert u in deze rubriek hoe geloofwaardig u zowel de oorspronkelijke negatieve opvatting over piekeren als de alternatieve opvatting nu vindt. Tot slot schrijft u onder **'Evaluatie van het experiment'** op wat u hebt geleerd van het experiment over de onbeheersbaarheid van piekeren dan wel het gevaar van piekeren. In het begin van de behandeling vindt u het waarschijnlijk lastig deze laatste twee rubrieken in te vullen. Dat is heel normaal en uw behandelaar zal u er zeker bij helpen. Toch vragen we u nadrukkelijk de rubrieken in te vullen, omdat we denken dat het leerzamer is het zelf te proberen dan af te wachten wat uw behandelaar ervan vindt. Om u een idee te geven hoe de resultaten van het experiment beschreven kunnen worden op het formulier, en wat er onder **'Evaluatie van het experiment'** genoteerd kan worden, geven we onderstaand een voorbeeld.

> **VOORBEELD**
>
> Resultaten: *Hoe verliep het gedragsexperiment? Wat was de uitkomst ervan?*
> *Vandaag ging het best goed. Ik had drie keer een moment dat het gepieker begon. Eerst wilde ik afleiding gaan zoeken, maar toen bedacht ik me dat ik juist erger moest gaan piekeren. Maar dat bleek hartstikke moeilijk. Ik heb echt mijn best gedaan, maar het lukte helemaal niet. Ik moest er eigenlijk juist om lachen, en toen namen mijn zorgen ook af. Ik ben er dus in elk geval niet van doorgedraaid.*
>
> De geloofwaardigheid van de negatieve opvatting over piekeren: 65%
> De geloofwaardigheid van de alternatieve opvatting over piekeren: 60%
> Evaluatie van het experiment:
> *Wat heb ik van dit experiment geleerd over de onbeheersbaarheid / het gevaar van piekeren?*
> *Dat je van piekeren helemaal niet zo snel doordraait. En ik heb er eigenlijk ook wel van geleerd dat als je expres erger wilt piekeren, dat het eigenlijk helemaal niet lukt!*

Zoals u in het voorbeeld kunt zien is het experiment succesvol verlopen. Zoals u ook kunt zien betekent dat niet dat de oude gedachte meteen 0% geloofwaardig is. En de nieuwe gedachte is ook niet meteen 100% geloofwaardig. Dat is heel normaal en logisch; want als u al jaren overtuigd bent van een bepaalde opvatting, dan zou het bijzonder zijn als één experiment uw opvatting volledig ongeloofwaardig zou maken. Dat gebeurt alleen in uitzonderingsgevallen. Meestal zijn meerdere experimenten nodig om een opvatting over piekeren definitief te veranderen. Door de opvattingen in verschillende experimenten in de loop der tijd steeds weer te testen, zal de geloofwaardigheid van de oorspronkelijke opvatting steeds meer afnemen en de geloofwaardigheid van de alternatieve opvatting steeds meer toenemen. Verwacht dus geen snelle en spectaculaire resultaten, maar ga uit van een geleidelijke verandering.

FORMULIER GEDRAGSEXPERIMENTEN
voor het onderzoeken van <u>negatieve</u> opvattingen over piekeren

Datum:

Formuleer de negatieve opvatting die getest wordt (en de geloofwaardigheid):

Formuleer een alternatieve opvatting over piekeren (en de geloofwaardigheid):

Gedragsexperiment: *wat ga ik doen om te onderzoeken of de negatieve opvatting over piekeren klopt en hoe ga ik het doen?*

Welke mogelijke uitkomsten van het experiment ondersteunen:
De negatieve opvatting?:
-
-
-
De alternatieve opvatting over piekeren?:
-
-
-

Resultaten: *Hoe verliep het gedragsexperiment? Wat was de uitkomst ervan?*

De geloofwaardigheid van de negatieve opvatting over piekeren:

De geloofwaardigheid van de alternatieve opvatting over piekeren:

Evaluatie van het experiment:
Wat heb ik van dit experiment geleerd over de onbeheersbaarheid/het gevaar van piekeren?

Sessie 6

Agenda

De agenda van deze sessie bestaat uit de volgende punten:
- onderzoeken van de onbeheersbaarheid van piekeren;
- afspreken van een vervolggedragsexperiment om de onbeheersbaarheid van piekeren te onderzoeken;
- korte bespreking van de piekerregistratie (huiswerk vorige sessie);
- korte bespreking van de ingevulde piekergedachteschema's (PGS) (huiswerk vorige sessie);
- bespreking van het gedragsexperiment aan de hand van het ingevulde formulier (huiswerk vorige sessie);
- uitleg over de komende drie sessies;
- huiswerk voor komende week.

Hieronder worden enkele agendapunten nader toegelicht.

Uitleg over de komende drie sessies

De afgelopen drie sessies zijn de opvattingen over de onbeheersbaarheid van piekeren onderzocht. Vanaf de volgende sessie zullen op een vergelijkbare wijze de opvattingen over de mogelijke gevaren van piekeren worden onderzocht. Ook daaraan zullen drie sessies gewijd worden, waarin de opvattingen weer eerst met behulp van de piekergedachteschema's onderzocht worden, en vervolgens met gedragsexperimenten. Dat we overgaan naar de volgende fase, hoeft niet te betekenen dat de opvattingen over de onbeheersbaarheid van piekeren al volledig en definitief veranderd zijn. Het betekent ook niet dat u niet meer hoeft te oefenen met het onderzoeken van de opvattingen over de onbeheersbaarheid. Uw behandelaar zal hierover afspraken met u maken.

Huiswerk voor komende week

- Piekerregistratie (zie Piekerregistratie, aan het eind van deze sessie).
- Uitvoeren van het vervolggedragsexperiment.
- Minimaal twee piekergedachteschema's (PGS) invullen (zie PGS – opsporen en PGS – onderzoeken, aan het eind van deze sessie). Let vanaf nu ook op uw negatieve opvattingen over de gevaren van piekeren.

PIEKERREGISTRATIEFORMULIER

Met behulp van dit registratieformulier kunt u de tijd bijhouden die u dagelijks besteedt aan piekeren. Dit geeft zicht op uw piekergedrag. De scores zullen in een grafiek bijgehouden worden, waardoor duidelijk wordt of de tijd die u besteedt aan piekeren in de loop van de behandeling afneemt.

Het geven van een score gaat in twee stappen:
Stap 1: bepaal eerst voor uzelf welke categorie het best weergeeft hoeveel tijd u vandaag hebt gepiekerd.
Stap 2: bepaal vervolgens welke score binnen die categorie exact weergeeft hoeveel u gepiekerd hebt. Noteer die score op de lijn van de betreffende dag.

Er zijn zes categorieën:
0 = niet gepiekerd; 1-20 = minimaal; 21-40 = enigszins; 41-60 = gemiddeld; 61-80 = veel, en 81-100 = extreem gepiekerd

Datum:

| 0 | 20 | 40 | 60 | 80 | 100 |

Datum:

| 0 | 20 | 40 | 60 | 80 | 100 |

Datum:

| 0 | 20 | 40 | 60 | 80 | 100 |

Datum:

| 0 | 20 | 40 | 60 | 80 | 100 |

Datum:

| 0 | 20 | 40 | 60 | 80 | 100 |

Datum:

| 0 | 20 | 40 | 60 | 80 | 100 |

Datum:

| 0 | 20 | 40 | 60 | 80 | 100 |

SESSIE 6

PIEKERGEDACHTESCHEMA (PGS)
Opsporen van opvattingen over piekeren

Datum:

Situatie: *Noteer kort de situatie waarin u piekerde.*

Aanleiding: *Noteer wat de aanleiding van het piekeren was. Het kan zijn dat u begon te piekeren door een bepaalde gedachte of een beeld dat plots in u opkwam, maar ook door bijvoorbeeld het lezen van een krantenbericht of het horen van een bericht van een (belangrijke) ander.*

Zorgelijke gedachten: *Beschrijf kort waarover u piekerde (ofwel: de inhoud van uw zorgen).*

Opvattingen over piekeren: *Sta stil bij gedachten die u over het piekeren zelf hebt/had in deze situatie. Deze gedachten kunnen zowel positief als negatief zijn. Noteer de gedachten hier.*

Sterkte van uw angst op een schaal van 0 tot 100:

PIEKERGEDACHTESCHEMA (PGS)
Onderzoeken van opvattingen over piekeren

Noteer de opvatting over piekeren die u wilt onderzoeken:

_____
_____
_____

Argumenten die de opvatting over piekeren ondersteunen: *Noteer ervaringen die u hebt meegemaakt, die laten zien dat uw opvatting klopt, of feiten of bewijzen die u kunt vinden die uw gedachte ondersteunen.*

_____
_____
_____
_____

Argumenten die in strijd zijn met de opvatting over piekeren: *Noteer ervaringen die laten zien dat de opvatting niet of niet helemaal klopt, of feiten of bewijzen die laten zien dat de gedachte niet (helemaal) juist is. Maak hierbij gebruik van de lijst met hulpvragen uit de folder 'Onderzoeken van opvattingen over piekeren met behulp van het piekergedachteschema. Informatie voor patiënten' (zie werkboek, fase 1, sessie 3).*

_____
_____
_____
_____
_____

Alternatieve evenwichtige opvatting: *Trek conclusies over de onderzochte opvatting over piekeren op basis van de argumenten die u hebt opgeschreven. Klopt de opvatting nog (helemaal)? Zo nee, kunt u een nieuwe, meer evenwichtige gedachte formuleren? Maak ook hier gebruik van de lijst met hulpvragen uit de folder in het werkboek. Als u een nieuwe opvatting hebt geformuleerd, ga dan na of u deze gedachte geloofwaardig vindt (door een score te geven tussen 0 en 100% geloofwaardig).*

_____
_____
_____
_____
_____
_____

Resultaten van het onderzoek:
Bij negatieve opvattingen over piekeren: *Stel dat u weer over de beschreven zaken zou piekeren en u denkt aan uw nieuwe opvatting, wat zou dan het gevolg daarvan zijn voor uw gevoelens van angst? Zou de sterkte van uw angst veranderen op de schaal lopend van 0 tot 100? Zou u wellicht andere gevoelens ervaren als u de nieuwe gedachte over het piekeren zou gebruiken op momenten dat u piekert? Zo ja, welke en hoe sterk zouden deze zijn?*

_____
_____

Bij positieve opvattingen over piekeren: *Zou u op basis van de nieuwe gedachte weer gaan piekeren als u in een vergelijkbare situatie terecht zou komen? Of zou u iets anders doen? Zo ja, wat?*

_____
_____

FORMULIER GEDRAGSEXPERIMENTEN
voor het onderzoeken van <u>negatieve</u> opvattingen over piekeren

Datum:

Formuleer de negatieve opvatting die getest wordt (en de geloofwaardigheid):

Formuleer een alternatieve opvatting over piekeren (en de geloofwaardigheid):

Gedragsexperiment: *wat ga ik doen om te onderzoeken of de negatieve opvatting over piekeren klopt en hoe ga ik het doen?*

Welke mogelijke uitkomsten van het experiment ondersteunen:
De negatieve opvatting?:
-
-
-
De alternatieve opvatting over piekeren?:
-
-
-

Resultaten: *Hoe verliep het gedragsexperiment? Wat was de uitkomst ervan?*

De geloofwaardigheid van de negatieve opvatting over piekeren:

De geloofwaardigheid van de alternatieve opvatting over piekeren:

Evaluatie van het experiment:
Wat heb ik van dit experiment geleerd over de onbeheersbaarheid/het gevaar van piekeren?

Sessie 7

Agenda

De agenda van deze sessie bestaat uit de volgende punten:
- onderzoeken van het gevaar van piekeren;
- afspreken van een gedragsexperiment om het gevaar van piekeren te onderzoeken;
- korte bespreking van de piekerregistratie (huiswerk vorige sessie);
- korte bespreking van de ingevulde piekergedachteschema's (PGS) (huiswerk vorige sessie);
- bespreking van het vervolggedragsexperiment (huiswerk vorige sessie);
- huiswerk voor komende week.

Hieronder worden enkele agendapunten nader toegelicht.

Onderzoeken van het gevaar van piekeren met behulp van een PGS

In deze sessie wordt weer een door u uitgekozen negatieve opvatting onderzocht met behulp van een PGS; ditmaal gaat de opvatting over het gevaar van piekeren (zie PGS – opsporen en PGS – onderzoeken, aan het eind van deze sessie).

Afspreken van een gedragsexperiment om het gevaar van piekeren te onderzoeken

Net als bij het onderzoeken van de opvattingen over de onbeheersbaarheid van piekeren, wordt ook in de praktijk nagegaan of de opvattingen over het gevaar van piekeren al dan niet kloppen, door gedragsexperimenten uit te voeren. Ook deze experimenten bespreekt u samen met uw behandelaar. De afspraken en het verloop worden genoteerd op het formulier 'Gedragsexperimenten voor het onderzoeken van negatieve opvattingen over piekeren' (zie Gedragsexperimenten – negatieve opvattingen, aan het eind van deze sessie). Het experiment voert u weer thuis uit.

In het eerste experiment dat wordt uitgevoerd om de opvatting te toetsen dat piekeren gevaarlijk is, wordt u gevraagd het piekeren niet uit te stellen, zoals bij eerdere experimenten, maar juist 'erger' te gaan piekeren. Het doel hiervan is na te gaan of de gevreesde gevolgen van piekeren ook echt optreden. Als uw negatieve opvatting juist zou zijn, dan zou er iets ergs moeten gebeuren als u erger gaat piekeren. Als er 'niets' gebeurt als u erger gaat piekeren, dan vormt dit een argument tegen uw opvatting dat piekeren tot nare gevolgen kan leiden. Onderstaand een voorbeeld van een uitgewerkt gedragsexperiment tot en met de rubriek 'Welke mogelijke uitkomsten van het experiment ondersteunen…'.

Voorbeeld

Formuleer de negatieve opvatting over piekeren die getest wordt:
– *van voortdurend piekeren draai ik door (geloofwaardigheid: 80%)*
Formuleer een alternatieve opvatting over piekeren:
– *van piekeren draai ik niet door (geloofwaardigheid: 40%)*
Gedragsexperiment: wat ga ik doen om te onderzoeken of de opvatting klopt dat ik van piekeren door zal draaien en hoe ga ik dat doen?
– *Als het piekeren begint, zal ik het niet uitstellen en ook niet proberen het te stoppen. Ik zal juist proberen erger te gaan piekeren dan ik normaal al doe. Ik zal dat minstens één keer per dag doen.*
Welke mogelijke uitkomsten ondersteunen:
a) de negatieve opvatting over piekeren:
– *ik word opgenomen in een gekkenhuis*
– *ik ga zo raar doen dat mensen me uitlachen of juist aan me vragen of ik wel in orde ben*
– *mijn partner belt de dokter omdat ze denkt dat ik gek geworden ben*
– *ik kan geen gesprekken meer met anderen voeren*
– *ik word weggestuurd van mijn werk, omdat ik gek doe*
b) de alternatieve opvatting:
– *ik raak gespannen van het erger piekeren, maar het piekeren wordt na een tijd vanzelf minder*
– *ik word wel moe en bang, maar niet gek*
– *het is een hele nare ervaring, maar ik hoef niet opgenomen te worden in een gekkenhuis*
– *het lukt niet om erger te piekeren*

In de volgende sessie bespreekt u het verloop van het experiment met uw behandelaar. Samen gaat u na wat de betekenis van de uitkomsten is voor zowel de onderzochte metacognitie als de vooraf geformuleerde alternatieve opvatting over piekeren. U kunt de bevindingen noteren in de laatste twee rubrieken van het formulier gedragsexperimenten: 'Resultaten' en 'Evaluatie van het experiment'.

Thuiswerk voor komende sessie

– Piekerregistratie (zie Piekerregistratie, aan het eind van deze sessie).
– Minimaal twee piekergedachteschema's (PGS) invullen (zie PGS – opsporen en PGS – onderzoeken, aan het eind van deze sessie). Let vooral op uw opvattingen over de gevaren van piekeren.
– Uitvoeren van het gedragsexperiment (zie Gedragsexperimenten – negatieve opvattingen, aan het eind van deze sessie).

PIEKERREGISTRATIEFORMULIER

Met behulp van dit registratieformulier kunt u de tijd bijhouden die u dagelijks besteedt aan piekeren. Dit geeft zicht op uw piekergedrag. De scores zullen in een grafiek bijgehouden worden, waardoor duidelijk wordt of de tijd die u besteedt aan piekeren in de loop van de behandeling afneemt.

Het geven van een score gaat in twee stappen:
Stap 1: bepaal eerst voor uzelf welke categorie het best weergeeft hoeveel tijd u vandaag hebt gepiekerd.
Stap 2: bepaal vervolgens welke score binnen die categorie exact weergeeft hoeveel u gepiekerd hebt. Noteer die score op de lijn van de betreffende dag.

Er zijn zes categorieën:
0 = niet gepiekerd; 1-20 = minimaal; 21-40 = enigszins; 41-60 = gemiddeld; 61-80 = veel, en 81-100 = extreem gepiekerd

Datum:

| 0 | 20 | 40 | 60 | 80 | 100 |

Datum:

| 0 | 20 | 40 | 60 | 80 | 100 |

Datum:

| 0 | 20 | 40 | 60 | 80 | 100 |

Datum:

| 0 | 20 | 40 | 60 | 80 | 100 |

Datum:

| 0 | 20 | 40 | 60 | 80 | 100 |

Datum:

| 0 | 20 | 40 | 60 | 80 | 100 |

Datum:

| 0 | 20 | 40 | 60 | 80 | 100 |

PIEKERGEDACHTESCHEMA (PGS)
Opsporen van opvattingen over piekeren

Datum:

Situatie: *Noteer kort de situatie waarin u piekerde.*

Aanleiding: *Noteer wat de aanleiding van het piekeren was. Het kan zijn dat u begon te piekeren door een bepaalde gedachte of een beeld dat plots in u opkwam, maar ook door bijvoorbeeld het lezen van een krantenbericht of het horen van een bericht van een (belangrijke) ander.*

Zorgelijke gedachten: *Beschrijf kort waarover u piekerde (ofwel: de inhoud van uw zorgen).*

Opvattingen over piekeren: *Sta stil bij gedachten die u over het piekeren zelf hebt/had in deze situatie. Deze gedachten kunnen zowel positief als negatief zijn. Noteer de gedachten hier.*

Sterkte van uw angst op een schaal van 0 tot 100:

SESSIE 7

PIEKERGEDACHTESCHEMA (PGS)
Onderzoeken van opvattingen over piekeren

Noteer de opvatting over piekeren die u wilt onderzoeken:
___
___

Argumenten die de opvatting over piekeren ondersteunen: *Noteer ervaringen die u hebt meegemaakt, die laten zien dat uw opvatting klopt, of feiten of bewijzen die u kunt vinden die uw gedachte ondersteunen.*
___
___
___

Argumenten die in strijd zijn met de opvatting over piekeren: *Noteer ervaringen die laten zien dat de opvatting niet of niet helemaal klopt, of feiten of bewijzen die laten zien dat de gedachte niet (helemaal) juist is. Maak hierbij gebruik van de lijst met hulpvragen uit de folder 'Onderzoeken van opvattingen over piekeren met behulp van het piekergedachteschema. Informatie voor patiënten' (zie werkboek, fase 1, sessie 3).*
___
___
___
___

Alternatieve evenwichtige opvatting: *Trek conclusies over de onderzochte opvatting over piekeren op basis van de argumenten die u hebt opgeschreven. Klopt de opvatting nog (helemaal)? Zo nee, kunt u een nieuwe, meer evenwichtige gedachte formuleren? Maak ook hier gebruik van de lijst met hulpvragen uit de folder in het werkboek. Als u een nieuwe opvatting hebt geformuleerd, ga dan na of u deze gedachte geloofwaardig vindt (door een score te geven tussen 0 en 100% geloofwaardig).*
___
___
___
___

Resultaten van het onderzoek:
Bij negatieve opvattingen over piekeren: *Stel dat u weer over de beschreven zaken zou piekeren en u denkt aan uw nieuwe opvatting, wat zou dan het gevolg daarvan zijn voor uw gevoelens van angst? Zou de sterkte van uw angst veranderen op de schaal lopend van 0 tot 100? Zou u wellicht andere gevoelens ervaren als u de nieuwe gedachte over het piekeren zou gebruiken op momenten dat u piekert? Zo ja, welke en hoe sterk zouden deze zijn?*
___
___

Bij positieve opvattingen over piekeren: *Zou u op basis van de nieuwe gedachte weer gaan piekeren als u in een vergelijkbare situatie terecht zou komen? Of zou u iets anders doen? Zo ja, wat?*
___
___

FORMULIER GEDRAGSEXPERIMENTEN
voor het onderzoeken van <u>negatieve</u> opvattingen over piekeren

Datum:

Formuleer de negatieve opvatting die getest wordt (en de geloofwaardigheid):

Formuleer een alternatieve opvatting over piekeren (en de geloofwaardigheid):

Gedragsexperiment: *wat ga ik doen om te onderzoeken of de negatieve opvatting over piekeren klopt en hoe ga ik het doen?*

Welke mogelijke uitkomsten van het experiment ondersteunen:
De negatieve opvatting?:
-
-
-

De alternatieve opvatting over piekeren?:
-
-
-

Resultaten: *Hoe verliep het gedragsexperiment? Wat was de uitkomst ervan?*

De geloofwaardigheid van de negatieve opvatting over piekeren:

De geloofwaardigheid van de alternatieve opvatting over piekeren:

Evaluatie van het experiment:
Wat heb ik van dit experiment geleerd over de onbeheersbaarheid/het gevaar van piekeren?

Sessie 8

Agenda

De agenda van deze sessie bestaat uit de volgende punten:
- onderzoeken van het gevaar van piekeren;
- afspreken van andere methoden om het gevaar van piekeren te onderzoeken;
- korte bespreking van de piekerregistratie (huiswerk vorige sessie);
- korte bespreking van de ingevulde piekergedachteschema's (PGS) (huiswerk vorige sessie);
- bespreking van het gedragsexperiment (huiswerk vorige sessie);
- huiswerk voor komende week.

Hieronder worden enkele agendapunten nader toegelicht.

Onderzoeken van het gevaar van piekeren

Inmiddels hebt u al flink geoefend met de methode van het formuleren van een nieuwe evenwichtige gedachte op basis van argumenten die voor respectievelijk tegen de onderzochte opvatting pleiten. In deze sessie zal uw behandelaar een of twee nieuwe methoden uitleggen om opvattingen over piekeren te onderzoeken.

1 In de loop van de behandeling is gebleken dat u zowel positieve als negatieve gedachten over het piekeren hebt. Dat is eigenlijk tegenstrijdig: hoe kan iets dat helpend is tegelijkertijd bedreigend zijn? Sluit het een het ander niet uit? U wordt gevraagd daar eens over na te denken.
2 Gebleken is dat opvattingen over het piekeren doorgaans voor 'waar' worden aangenomen. Mensen denken er over het algemeen helemaal niet over na of zo'n opvatting wel klopt, 'het is gewoon zo'. Uw behandelaar zal u vragen wel stil te staan bij uw opvattingen, bijvoorbeeld door u te vragen hoe piekeren kan leiden tot het gevreesde gevaar.

Afspreken van andere methoden om het gevaar van piekeren te onderzoeken

Tot nu toe hebt u vooral geoefend met piekergedachteschema's en experimenten om na te gaan of uw negatieve opvattingen over piekeren juist zijn. De komende tijd zult u in de vorm van huiswerkoefeningen aan de slag gaan met twee andere methoden om uw negatieve opvattingen over het gevaar van piekeren te onderzoeken.

Methode 1

De eerste huiswerkoefening is het interviewen van belangrijke mensen uit uw omgeving, om na te gaan wat zij van piekeren vinden: Hoe vaak piekeren zij, wat vinden ze van piekeren en piekeraars, hoe schadelijk denken zij dat (veel) piekeren is, hoe gaan zij met piekeren om? Als u klaar bent met de interviews, kunt u al uw notities eens doornemen en beoordelen wat dit betekent voor de juistheid van uw opvatting. Uw behandelaar zal met u bespreken wie u wilt interviewen en hoe u aan hen kunt uitleggen wat de bedoeling is van het interview. Als u dat wilt, kunt u ook oefenen met het afnemen van zo'n interview bij uw behandelaar.

Methode 2

De tweede oefening is om geen pogingen meer te doen het piekeren te stoppen door het te onderdrukken of afleiding te zoeken. Zoals in het begin van de behandeling besproken (zie het metacognitieve model, Metacognitief model van de gegeneraliseerde angststoornis, aan het eind van sessie 1), worden dit soort gedachtecontrolepogingen uitgevoerd door cliënten met een GAS om te voorkomen dat de gevreesde gevolgen van piekeren optreden. Dat betekent dat als u zulke pogingen om het piekeren te beheersen niet meer doet, de kans op de gevreesde gevolgen groter zou worden. Door deze oefening gaat u dus na of die redenering klopt. Blijken de gevreesde gevolgen niet op te treden, dan zijn de gedachtecontrolepogingen blijkbaar overbodig.

Thuiswerk voor komende sessie

- Piekerregistratie (zie Piekerregistratie, aan het eind van deze sessie).
- Minimaal twee piekergedachteschema's (PGS) invullen (zie PGS – opsporen en PGS – onderzoeken, aan het eind van deze sessie). Let weer op uw opvattingen over de mogelijke gevaren van piekeren, maar let vanaf nu ook op positieve opvattingen over piekeren.
- Uitvoeren van de twee besproken nieuwe methoden om het gevaar van piekeren te toetsen:
  - Interview enkele belangrijke anderen over piekeren;
  - Doe de komende periode geen pogingen het piekeren te stoppen.

PIEKERREGISTRATIEFORMULIER

Met behulp van dit registratieformulier kunt u de tijd bijhouden die u dagelijks besteedt aan piekeren. Dit geeft zicht op uw piekergedrag. De scores zullen in een grafiek bijgehouden worden, waardoor duidelijk wordt of de tijd die u besteedt aan piekeren in de loop van de behandeling afneemt.

Het geven van een score gaat in twee stappen:
Stap 1: bepaal eerst voor uzelf welke categorie het best weergeeft hoeveel tijd u vandaag hebt gepiekerd.
Stap 2: bepaal vervolgens welke score binnen die categorie exact weergeeft hoeveel u gepiekerd hebt. Noteer die score op de lijn van de betreffende dag.

Er zijn zes categorieën:
0 = niet gepiekerd; 1-20 = minimaal; 21-40 = enigszins; 41-60 = gemiddeld; 61-80 = veel, en 81-100 = extreem gepiekerd

Datum:

| 0 | 20 | 40 | 60 | 80 | 100 |

Datum:

| 0 | 20 | 40 | 60 | 80 | 100 |

Datum:

| 0 | 20 | 40 | 60 | 80 | 100 |

Datum:

| 0 | 20 | 40 | 60 | 80 | 100 |

Datum:

| 0 | 20 | 40 | 60 | 80 | 100 |

Datum:

| 0 | 20 | 40 | 60 | 80 | 100 |

Datum:

| 0 | 20 | 40 | 60 | 80 | 100 |

PIEKERGEDACHTESCHEMA (PGS)
Opsporen van opvattingen over piekeren

Datum:

Situatie: *Noteer kort de situatie waarin u piekerde.*

Aanleiding: *Noteer wat de aanleiding van het piekeren was. Het kan zijn dat u begon te piekeren door een bepaalde gedachte of een beeld dat plots in u opkwam, maar ook door bijvoorbeeld het lezen van een krantenbericht of het horen van een bericht van een (belangrijke) ander.*

Zorgelijke gedachten: *Beschrijf kort waarover u piekerde (ofwel: de inhoud van uw zorgen).*

Opvattingen over piekeren: *Sta stil bij gedachten die u over het piekeren zelf hebt/had in deze situatie. Deze gedachten kunnen zowel positief als negatief zijn. Noteer de gedachten hier.*

Sterkte van uw angst op een schaal van 0 tot 100:

PIEKERGEDACHTESCHEMA (PGS)
Onderzoeken van opvattingen over piekeren

Noteer de opvatting over piekeren die u wilt onderzoeken:
_____
_____
_____

Argumenten die de opvatting over piekeren ondersteunen: *Noteer ervaringen die u hebt meegemaakt, die laten zien dat uw opvatting klopt, of feiten of bewijzen die u kunt vinden die uw gedachte ondersteunen.*
_____
_____
_____
_____

Argumenten die in strijd zijn met de opvatting over piekeren: *Noteer ervaringen die laten zien dat de opvatting niet of niet helemaal klopt, of feiten of bewijzen die laten zien dat de gedachte niet (helemaal) juist is. Maak hierbij gebruik van de lijst met hulpvragen uit de folder 'Onderzoeken van opvattingen over piekeren met behulp van het piekergedachteschema. Informatie voor patiënten' (zie werkboek, fase 1, sessie 3).*
_____
_____
_____
_____
_____

Alternatieve evenwichtige opvatting: *Trek conclusies over de onderzochte opvatting over piekeren op basis van de argumenten die u hebt opgeschreven. Klopt de opvatting nog (helemaal)? Zo nee, kunt u een nieuwe, meer evenwichtige gedachte formuleren? Maak ook hier gebruik van de lijst met hulpvragen uit de folder in het werkboek. Als u een nieuwe opvatting hebt geformuleerd, ga dan na of u deze gedachte geloofwaardig vindt (door een score te geven tussen 0 en 100% geloofwaardig).*
_____
_____
_____
_____
_____

Resultaten van het onderzoek:
Bij negatieve opvattingen over piekeren: *Stel dat u weer over de beschreven zaken zou piekeren en u denkt aan uw nieuwe opvatting, wat zou dan het gevolg daarvan zijn voor uw gevoelens van angst? Zou de sterkte van uw angst veranderen op de schaal lopend van 0 tot 100? Zou u wellicht andere gevoelens ervaren als u de nieuwe gedachte over het piekeren zou gebruiken op momenten dat u piekert? Zo ja, welke en hoe sterk zouden deze zijn?*
_____
_____

Bij positieve opvattingen over piekeren: *Zou u op basis van de nieuwe gedachte weer gaan piekeren als u in een vergelijkbare situatie terecht zou komen? Of zou u iets anders doen? Zo ja, wat?*
_____
_____

Sessie 9

Agenda

De agenda van deze sessie bestaat uit de volgende punten:
- evaluatie fase II van de behandeling: onderzoeken van negatieve opvattingen over piekeren;
- uitleg over positieve opvattingen over piekeren;
- onderzoeken van een positieve opvatting over piekeren;
- uitleg van de 'mismatch'-strategie;
- korte bespreking van de piekerregistratie (huiswerk vorige sessie);
- korte bespreking van de ingevulde piekergedachteschema's (PGS) (huiswerk vorige sessie);
- bespreking van de afgenomen interviews over piekeren en het niet meer doen van pogingen te stoppen met piekeren (huiswerk vorige sessie). In de bespreking zal vooral stilgestaan worden bij de betekenis van de uitkomsten van de oefeningen voor de juistheid van uw negatieve opvattingen over piekeren; zijn deze bevestigd, of juist ontkracht?
- huiswerk voor komende week.

Hieronder worden enkele agendapunten nader toegelicht.

Evaluatie fase II: onderzoeken van negatieve opvattingen over piekeren

De afgelopen sessies stond het onderzoeken van de onbeheersbaarheid en van de mogelijke gevaarlijke gevolgen van piekeren centraal. Hoe geloofwaardig zijn de negatieve opvattingen nu nog voor u? Kunt u al een alternatieve opvatting (of opvattingen) over piekeren formuleren? Hoe geloofwaardig is/zijn deze? En wat betekent dat voor het gevoel dat piekeren bij u oproept?

Het afsluiten van fase II betekent overigens niet dat het onderzoeken van negatieve opvattingen niet meer nodig is. Zowel in de sessies als thuis is het zinvol om negatieve gedachten over piekeren, die u misschien nog hebt of nog deels geloofwaardig vindt, te onderzoeken met de geleerde methoden.

Uitleg over positieve opvattingen over piekeren

In deze en de volgende twee sessies zullen we ons richten op de positieve opvattingen die u over piekeren hebt. Net als bij het onderzoeken van negatieve opvattingen wordt gewerkt met het PGS en zullen er experimenten uitgevoerd worden om na te gaan of de opvattingen kloppen.

De positieve opvattingen zelf leiden niet tot klachten en problemen, maar zorgen ervoor dat u piekeren gebruikt als een manier om met problemen en gevaren om te gaan (zie het metacognitieve model, Metacognitief model van de gegeneraliseerde angststoornis, aan het eind van sessie 1). Het is daarom belangrijk om ook de positieve opvattingen te onderzoeken, want als u ervan overtuigd blijft dat piekeren nuttig is en helpt, dan is de kans dat u later weer gaat piekeren groter.

Onderzoeken van een positieve opvatting over piekeren

U kiest deze sessie een positieve opvatting over piekeren uit die u samen met uw behandelaar wilt onderzoeken. Er wordt weer begonnen met het onderzoeken van de opvattingen met behulp van een PGS. Daarna zullen weer afspraken gemaakt worden over het uitvoeren van experimenten om te toetsen of piekeren daadwerkelijk helpend of nuttig is.

Hieronder staat een voorbeeld van een ingevuld PGS voor de positieve opvatting over piekeren 'door te piekeren kan ik negatieve gebeurtenissen voorkomen'.

Voorbeeld

De opvatting over piekeren die u wilt onderzoeken:
– *door te piekeren kan ik negatieve gebeurtenissen voorkomen*

Argumenten die de opvatting over piekeren ondersteunen:
– *ik heb heel vaak gepiekerd en eigenlijk zijn de meeste gebeurtenissen waarover ik piekerde niet gebeurd*
– *piekeren geeft me een gevoel van rust, als ik alles uitgedacht heb*

Argumenten die in strijd zijn met de opvatting over piekeren:
– *ik heb in mijn leven ook periodes niet gepiekerd en dan gebeurde er eigenlijk ook niets ergs*
– *op die momenten dat ik niet piekerde, voelde ik me ook prettiger*
– *piekeren leidt zelf ook tot ellende, want ik voel me er moe en gespannen door, dus hoe helpend kan het nu zijn?*
– *als Gert Jan (een goede vriend) veel zou piekeren en tegen me zou zeggen dat hij daarmee 'rampen' kon voorkomen, zou ik denken dat hij niet goed bij zijn hoofd was; door piekeren zie je juist allemaal rampen die je anders helemaal niet zou zien!*
– *mijn vrouw piekert niet en haar overkomen ook niet allemaal nare dingen*

Alternatieve evenwichtige gedachte:
– *Piekeren geeft me een gevoel van rust en de dingen waarover ik piek gebeuren meestal niet, maar dit hoeft niet aan het piekeren te liggen, want als ik niet piek gebeuren er ook niet allemaal nare dingen. En bij andere mensen die niet piekeren gebeurt dat ook niet.*
(geloofwaardigheid: 70%)

Uitleg van de 'mismatch'-strategie

Piekeraars gaan ervan uit dat de problemen die ze in hun gepieker voorspellen, ook echt zullen gebeuren. Men vraagt zich meestal niet af of die voorspellingen eigenlijk wel kloppen. Mogelijk herkent u dit bij uzelf. Als u dit inderdaad herkent, dan zal uw behandelaar met u de 'mismatch'-strategie bespreken, die u dan thuis kunt oefenen. De bedoeling van de 'mismatch'-strategie is om na te gaan of het idee dat de voorspellingen die u tijdens uw gepieker doet, eigenlijk wel juist zijn. Dit kan op twee manieren gedaan worden: voor situaties uit het recente verleden en voor situaties uit de toekomst.

Voor situaties uit het recente verleden vraagt u zich af welke voorspellingen u deed in piekersituaties die u de afgelopen periode had, en vervolgens vraagt u zich af hoe de situaties waarover u piekerde uiteindelijk afliepen. Kwamen uw voorspellingen uit? Of juist niet? Wat zegt dit over de juistheid van de voorspellingen die u doet in piekerperiodes? Een voorbeeld van de 'mismatch'-strategie voor situaties uit het (recente) verleden is het volgende.

Voorbeeld

Robert heeft zich de afgelopen periode over verschillende zaken zorgen gemaakt. Een van die zorgen ging over een aannemer die een aanbouw aan zijn huis maakte. Bij de bouw was zijn parketvloer beschadigd. Hij wilde hier iets van zeggen en de schade claimen. Hij was echter erg bang dat de aannemer boos op hem zou worden, en hem zelfs fysiek zou aanvallen. Bij navraag bleek dat de aannemer netjes had gereageerd, en zijn aansprakelijkheid voor de schade had erkend. De schade zou netjes, via de verzekering, vergoed worden. Op de vraag wat dat nu betekende voor de juistheid van zijn zorgelijke voorspellingen, erkende Robert daar totaal niet bij stilgestaan te hebben, 'omdat ik alweer andere zorgen aan mijn hoofd had'. Nu de therapeut hem er zo direct naar vroeg, werd het hem duidelijk dat de situatie inderdaad heel anders, en vooral veel positiever, was afgelopen dan de catastrofes die hij in zijn gepieker had bedacht.

Een tweede manier van de 'mismatch'-strategie is om stil te staan bij situaties waarover u momenteel piekert. Welke problemen voorziet u? Denkt u met de gevreesde situatie om te kunnen gaan, of denkt u dit niet goed te kunnen? Noteer de voorspellingen die u doet over uw huidige zorgen, en vergelijk uw voorspellingen met de daadwerkelijke afloop van de situatie. Kwamen uw voorspellingen uit? Of juist niet? Wat zegt dit over de juistheid van de voorspellingen die u doet in piekerperiodes? Voor de volgende sessie zult u met deze tweede manier gaan oefenen. Samen met uw behandelaar bespreekt u over welke situatie(s) u zich momenteel zorgen maakt. U bespreekt (en noteert) wat uw zorgen precies zijn. In de volgende sessie neemt u samen met uw behandelaar door hoe de situatie is verlopen, en of dit overeenkomt met de voorspellingen die u deed.
Onderstaand staat een voorbeeld beschreven van een 'mismatch'-strategie voor een toekomstige situatie.

Voorbeeld

Pieternel maakt zich zorgen over de aankomende bruiloft van haar zoon, die in Noorwegen gaat trouwen. Met behulp van de 'stel dat'-oefening wordt de volgende reeks van zorgen geïdentificeerd: *ze zal het vliegtuig missen, en als dat niet gebeurt dan zal ze verdwalen in Noorwegen, waardoor ze de bruiloft mist; haalt ze de bruiloft wel, dan zal daar van alles misgaan, zoals de ambtenaar van de burgerlijke stand die niet op komt dagen of de aanstaande bruid zegt 'nee'; wordt het huwelijk toch voltrokken, dan zal het feest mislopen, zo kan er ruzie ontstaan of de taart valt om.*
In de eerstvolgende sessie na de bruiloft worden deze voorspellingen van Pieternel vergeleken met hoe de bruiloft daadwerkelijk verlopen is. Hoewel niet alles vlekkeloos verliep, is geen van de zorgen van Pieternel uitgekomen. Ze erkent dan ook dat in deze situatie het piekeren inderdaad eerder nadelig dan helpend werkte. De geloofwaardigheid van haar positieve opvatting over piekeren neemt dan ook af.

Thuiswerk voor komende sessie

- Piekerregistratie (zie Piekerregistratie, aan het eind van deze sessie).
- Minimaal twee piekergedachteschema's (PGS) invullen (zie PGS – opsporen en PGS – onderzoeken, aan het eind van deze sessie). Let vooral op de positieve opvattingen die u hebt over piekeren.
- 'Mismatch'-strategie toepassen voor een situatie uit de toekomst: ga na of de voorspellingen die u in deze sessie deed over situaties die binnenkort plaatsvinden, overeenkomen met het daadwerkelijke verloop van die situaties.

PIEKERREGISTRATIEFORMULIER

Met behulp van dit registratieformulier kunt u de tijd bijhouden die u dagelijks besteedt aan piekeren. Dit geeft zicht op uw piekergedrag. De scores zullen in een grafiek bijgehouden worden, waardoor duidelijk wordt of de tijd die u besteedt aan piekeren in de loop van de behandeling afneemt.

Het geven van een score gaat in twee stappen:
Stap 1: bepaal eerst voor uzelf welke categorie het best weergeeft hoeveel tijd u vandaag hebt gepiekerd.
Stap 2: bepaal vervolgens welke score binnen die categorie exact weergeeft hoeveel u gepiekerd hebt. Noteer die score op de lijn van de betreffende dag.

Er zijn zes categorieën:
0 = niet gepiekerd; 1-20 = minimaal; 21-40 = enigszins; 41-60 = gemiddeld; 61-80 = veel, en 81-100 = extreem gepiekerd

Datum:

| 0 | 20 | 40 | 60 | 80 | 100 |

Datum:

| 0 | 20 | 40 | 60 | 80 | 100 |

Datum:

| 0 | 20 | 40 | 60 | 80 | 100 |

Datum:

| 0 | 20 | 40 | 60 | 80 | 100 |

Datum:

| 0 | 20 | 40 | 60 | 80 | 100 |

Datum:

| 0 | 20 | 40 | 60 | 80 | 100 |

Datum:

| 0 | 20 | 40 | 60 | 80 | 100 |

PIEKERGEDACHTESCHEMA (PGS)
Opsporen van opvattingen over piekeren

Datum:

Situatie: *Noteer kort de situatie waarin u piekerde.*

Aanleiding: *Noteer wat de aanleiding van het piekeren was. Het kan zijn dat u begon te piekeren door een bepaalde gedachte of een beeld dat plots in u opkwam, maar ook door bijvoorbeeld het lezen van een krantenbericht of het horen van een bericht van een (belangrijke) ander.*

Zorgelijke gedachten: *Beschrijf kort waarover u piekerde (ofwel: de inhoud van uw zorgen).*

Opvattingen over piekeren: *Sta stil bij gedachten die u over het piekeren zelf hebt/had in deze situatie. Deze gedachten kunnen zowel positief als negatief zijn. Noteer de gedachten hier.*

Sterkte van uw angst op een schaal van 0 tot 100:

PIEKERGEDACHTESCHEMA (PGS)
Onderzoeken van opvattingen over piekeren

Noteer de opvatting over piekeren die u wilt onderzoeken:
_____
_____
_____

Argumenten die de opvatting over piekeren ondersteunen: *Noteer ervaringen die u hebt meegemaakt, die laten zien dat uw opvatting klopt, of feiten of bewijzen die u kunt vinden die uw gedachte ondersteunen.*
_____
_____
_____
_____

Argumenten die in strijd zijn met de opvatting over piekeren: *Noteer ervaringen die laten zien dat de opvatting niet of niet helemaal klopt, of feiten of bewijzen die laten zien dat de gedachte niet (helemaal) juist is. Maak hierbij gebruik van de lijst met hulpvragen uit de folder 'Onderzoeken van opvattingen over piekeren met behulp van het piekergedachteschema. Informatie voor patiënten' (zie werkboek, fase 1, sessie 3).*
_____
_____
_____
_____
_____
_____

Alternatieve evenwichtige opvatting: *Trek conclusies over de onderzochte opvatting over piekeren op basis van de argumenten die u hebt opgeschreven. Klopt de opvatting nog (helemaal)? Zo nee, kunt u een nieuwe, meer evenwichtige gedachte formuleren? Maak ook hier gebruik van de lijst met hulpvragen uit de folder in het werkboek. Als u een nieuwe opvatting hebt geformuleerd, ga dan na of u deze gedachte geloofwaardig vindt (door een score te geven tussen 0 en 100% geloofwaardig).*
_____
_____
_____
_____
_____
_____

Resultaten van het onderzoek:
Bij negatieve opvattingen over piekeren: *Stel dat u weer over de beschreven zaken zou piekeren en u denkt aan uw nieuwe opvatting, wat zou dan het gevolg daarvan zijn voor uw gevoelens van angst? Zou de sterkte van uw angst veranderen op de schaal lopend van 0 tot 100? Zou u wellicht andere gevoelens ervaren als u de nieuwe gedachte over het piekeren zou gebruiken op momenten dat u piekert? Zo ja, welke en hoe sterk zouden deze zijn?*
_____
_____

Bij positieve opvattingen over piekeren: *Zou u op basis van de nieuwe gedachte weer gaan piekeren als u in een vergelijkbare situatie terecht zou komen? Of zou u iets anders doen? Zo ja, wat?*
_____
_____

Sessie 10

Agenda

De agenda van deze sessie bestaat uit de volgende punten:
- onderzoeken van een positieve opvatting over piekeren;
- afspreken van de 'mismatch'-strategie voor een situatie uit het verleden;
- afspreken van twee gedragsexperimenten om positieve opvattingen over piekeren te onderzoeken;
- korte bespreking van de piekerregistratie (huiswerk vorige sessie);
- korte bespreking van de ingevulde piekergedachteschema's (PGS) (huiswerk vorige sessie);
- bespreking van de uitgevoerde 'mismatch'-strategie (huiswerk vorige sessie);
- huiswerk voor komende week.

Hieronder worden enkele agendapunten nader toegelicht.

Onderzoeken van een positieve opvatting over piekeren

U kiest een positieve opvatting over piekeren uit die u wilt onderzoeken in deze sessie. Uw behandelaar zal u vragen of u zich situaties kunt herinneren waarin u niet gepiekerd hebt. En als u zich zulke situaties kunt herinneren, hoe liepen die situaties af? Was de uitkomst altijd vervelend, of ook wel eens positief. En als de uitkomsten van situaties waarover u niet gepiekerd hebt ook wel eens positief waren, wat betekent dit dan voor de opvatting dat piekeren helpend is?

Afspreken van de 'mismatch'-strategie voor een situatie uit het verleden

U hebt als huiswerk geoefend met de 'mismatch'-strategie voor een situatie uit de toekomst. In deze sessie gaan we de 'mismatch'-strategie ook gebruiken om voor piekersituaties uit het verleden na te gaan of de voorspellingen die u deed klopten met hoe de situatie daadwerkelijk verliep. Uw behandelaar zal u daarom vragen of u zich een recente piekerperiode voor de geest kunt halen. Besproken wordt wat de situatie was waarover u zich zorgen maakte en hoe u precies dacht dat de situatie zou gaan aflopen. Daarna neemt u samen door hoe de situatie in het echt is afgelopen. Daardoor kunt u uw voorspellingen vergelijken met de echte afloop: kwamen ze overeen, of maar voor een deel, of waren ze helemaal verschillend? Voor de volgende sessie zult u als huiswerk zelf oefenen met de 'mismatch'-strategie voor piekersituaties uit het verleden.

Afspreken van twee gedragsexperimenten om positieve opvattingen over piekeren te onderzoeken

Net als we dat gedaan hebben bij de negatieve opvattingen, zullen we ook de opvattingen over het nut van piekeren met behulp van experimenten toetsen op hun juistheid. Hierbij maken we gebruik van het formulier 'Gedragsexperimenten voor het onderzoeken van positieve opvattingen over piekeren' (zie Gedragsexperimenten – positieve opvattingen, aan het eind van deze sessie). Samen met uw behandelaar vult u de eerste vier rubrieken in. De experimenten voert u als huiswerk uit voor de volgende sessie. Het verloop van de experimenten, en de betekenis ervan voor de onderzochte opvatting over piekeren, kunt u noteren in de laatste twee rubrieken van het formulier gedragsexperimenten: 'Resultaten' en 'Evaluatie van het experiment'. In de volgende sessie zal het verloop van het experiment besproken worden en zal nagegaan worden wat de betekenis van de uitkomsten is voor zowel de onderzochte metacognitie als de vooraf geformuleerde alternatieve opvatting over piekeren.

De komende periode voert u twee experimenten uit om de positieve opvattingen over piekeren te testen:

1. In het eerste experiment, het 'stoppen met piekeren'-experiment, probeert u het piekeren over gebeurtenissen die u vreest zo veel mogelijk achterwege te laten. Doel hiervan is om na te gaan of als u niet piekert, de negatieve gevolgen optreden die u met piekeren denkt te voorkomen. Want als u niet piekert en de situaties toch goed aflopen, dan is het de vraag of de gedachte juist is dat piekeren nuttig of helpend is.
2. In het tweede experiment is het de bedoeling dat u juist meer gaat piekeren over gebeurtenissen die u vreest. Als piekeren nuttig of helpend is, zouden deze situaties door het 'extra piekeren' positiever moeten aflopen en/of zou u beter moeten functioneren. Blijken situaties door het extra piekeren niet beter, of zelfs slechter, af te lopen, dan kunt u zich afvragen of de positieve opvattingen over piekeren eigenlijk wel kloppen.

Het is mogelijk om deze twee experimenten te combineren. Bijvoorbeeld door afwisselend de ene dag extra te piekeren en de andere dag niet te piekeren, of door de ene helft van de week extra te piekeren en de tweede helft te stoppen met piekeren. Door het verschil in uitkomsten, prestaties en/of functioneren bij te houden, kunt u nagaan of extra piekeren inderdaad helpt. U kunt met uw behandelaar bespreken of het voor u handig is de experimenten te combineren, of dat u ze los van elkaar wilt uitvoeren.

Thuiswerk voor komende sessie

- Piekerregistratie (zie Piekerregistratie, aan het eind van deze sessie).
- Minimaal twee piekergedachteschema's (PGS) invullen (zie PGS – opsporen en PGS – onderzoeken, aan het eind van deze sessie). Let vooral op uw positieve metacognities.
- 'Mismatch'-strategie toepassen voor een situatie uit de toekomst:
  • Ga na of uw voorspellingen van toekomstige piekersituaties overeenkomen met het daadwerkelijke verloop van die situaties.
  • Ga van een recente piekerperiode na of uw voorspellingen overeenkwamen met de uiteindelijke afloop van de situatie.
- De twee besproken gedragsexperimenten uitvoeren om de positieve opvattingen over piekeren te toetsen ('stop met piekeren'-experiment en 'extra piekeren'-experiment) (zie Gedragsexperimenten – positieve opvattingen, aan het eind van deze sessie).

PIEKERREGISTRATIEFORMULIER

Met behulp van dit registratieformulier kunt u de tijd bijhouden die u dagelijks besteedt aan piekeren. Dit geeft zicht op uw piekergedrag. De scores zullen in een grafiek bijgehouden worden, waardoor duidelijk wordt of de tijd die u besteedt aan piekeren in de loop van de behandeling afneemt.

Het geven van een score gaat in twee stappen:
Stap 1: bepaal eerst voor uzelf welke categorie het best weergeeft hoeveel tijd u vandaag hebt gepiekerd.
Stap 2: bepaal vervolgens welke score binnen die categorie exact weergeeft hoeveel u gepiekerd hebt. Noteer die score op de lijn van de betreffende dag.

Er zijn zes categorieën:
0 = niet gepiekerd; 1-20 = minimaal; 21-40 = enigszins; 41-60 = gemiddeld; 61-80 = veel, en 81-100 = extreem gepiekerd

Datum:

| 0 | 20 | 40 | 60 | 80 | 100 |

Datum:

| 0 | 20 | 40 | 60 | 80 | 100 |

Datum:

| 0 | 20 | 40 | 60 | 80 | 100 |

Datum:

| 0 | 20 | 40 | 60 | 80 | 100 |

Datum:

| 0 | 20 | 40 | 60 | 80 | 100 |

Datum:

| 0 | 20 | 40 | 60 | 80 | 100 |

Datum:

| 0 | 20 | 40 | 60 | 80 | 100 |

PIEKERGEDACHTESCHEMA (PGS)
Opsporen van opvattingen over piekeren

Datum:

Situatie: *Noteer kort de situatie waarin u piekerde.*

Aanleiding: *Noteer wat de aanleiding van het piekeren was. Het kan zijn dat u begon te piekeren door een bepaalde gedachte of een beeld dat plots in u opkwam, maar ook door bijvoorbeeld het lezen van een krantenbericht of het horen van een bericht van een (belangrijke) ander.*

Zorgelijke gedachten: *Beschrijf kort waarover u piekerde (ofwel: de inhoud van uw zorgen).*

Opvattingen over piekeren: *Sta stil bij gedachten die u over het piekeren zelf hebt/had in deze situatie. Deze gedachten kunnen zowel positief als negatief zijn. Noteer de gedachten hier.*

Sterkte van uw angst op een schaal van 0 tot 100:

PIEKERGEDACHTESCHEMA (PGS)
Onderzoeken van opvattingen over piekeren

Noteer de opvatting over piekeren die u wilt onderzoeken:

_____
_____

Argumenten die de opvatting over piekeren ondersteunen: *Noteer ervaringen die u hebt meegemaakt, die laten zien dat uw opvatting klopt, of feiten of bewijzen die u kunt vinden die uw gedachte ondersteunen.*

_____
_____
_____
_____

Argumenten die in strijd zijn met de opvatting over piekeren: *Noteer ervaringen die laten zien dat de opvatting niet of niet helemaal klopt, of feiten of bewijzen die laten zien dat de gedachte niet (helemaal) juist is. Maak hierbij gebruik van de lijst met hulpvragen uit de folder 'Onderzoeken van opvattingen over piekeren met behulp van het piekergedachteschema. Informatie voor patiënten' (zie werkboek, fase 1, sessie 3).*

_____
_____
_____
_____
_____

Alternatieve evenwichtige opvatting: *Trek conclusies over de onderzochte opvatting over piekeren op basis van de argumenten die u hebt opgeschreven. Klopt de opvatting nog (helemaal)? Zo nee, kunt u een nieuwe, meer evenwichtige gedachte formuleren? Maak ook hier gebruik van de lijst met hulpvragen uit de folder in het werkboek. Als u een nieuwe opvatting hebt geformuleerd, ga dan na of u deze gedachte geloofwaardig vindt (door een score te geven tussen 0 en 100% geloofwaardig).*

_____
_____
_____
_____
_____

Resultaten van het onderzoek:
Bij negatieve opvattingen over piekeren: *Stel dat u weer over de beschreven zaken zou piekeren en u denkt aan uw nieuwe opvatting, wat zou dan het gevolg daarvan zijn voor uw gevoelens van angst? Zou de sterkte van uw angst veranderen op de schaal lopend van 0 tot 100? Zou u wellicht andere gevoelens ervaren als u de nieuwe gedachte over het piekeren zou gebruiken op momenten dat u piekert? Zo ja, welke en hoe sterk zouden deze zijn?*

_____
_____

Bij positieve opvattingen over piekeren: *Zou u op basis van de nieuwe gedachte weer gaan piekeren als u in een vergelijkbare situatie terecht zou komen? Of zou u iets anders doen? Zo ja, wat?*

_____
_____

FORMULIER GEDRAGSEXPERIMENTEN
voor het onderzoeken van <u>positieve</u> opvattingen over piekeren

Datum:

Formuleer de positieve opvatting die getest wordt (en de geloofwaardigheid):

Formuleer een alternatieve opvatting over piekeren (en de geloofwaardigheid):

Gedragsexperiment: *wat ga ik doen om te onderzoeken of de positieve opvatting over piekeren klopt en hoe ga ik het doen?*

Welke mogelijke uitkomsten van het experiment ondersteunen:
De positieve opvatting?:
-
-
-

De alternatieve opvatting over piekeren?:
-
-
-

Resultaten: *Hoe verliep het gedragsexperiment? Wat was de uitkomst ervan?*

De geloofwaardigheid van de positieve opvatting over piekeren:

De geloofwaardigheid van de alternatieve opvatting over piekeren:

Evaluatie van het experiment:
Wat heb ik van dit experiment geleerd over het nut van piekeren?

Kan ik ook andere strategieën dan piekeren toepassen om met zorgen of moeilijke situaties om te gaan?

Sessie 11

Agenda

De agenda van deze sessie bestaat uit de volgende punten:
- evaluatie fase III van de behandeling: onderzoeken van positieve opvattingen over piekeren;
- uitleg van het programma voor de laatste drie sessies;
- korte bespreking van de piekerregistratie (huiswerk vorige sessie);
- korte bespreking van de ingevulde piekergedachteschema's (PGS) (huiswerk vorige sessie);
- bespreking van de uitgevoerde 'mismatch'-strategie (huiswerk vorige sessie) en de betekenis ervan voor de positieve opvattingen over piekeren;
- bespreking van de uitgevoerde gedragsexperimenten ('stop met piekeren'-experiment en 'extra piekeren'-experiment) (huiswerk vorige sessie);
- huiswerk voor komende week.

Hieronder worden enkele agendapunten nader toegelicht.

Evaluatie fase III: onderzoeken van positieve opvattingen over piekeren

Samen met uw behandelaar evalueert u de afgelopen drie sessies, waarin het onderzoeken van de positieve gevolgen van piekeren onderzocht zijn. Hoe geloofwaardig zijn de positieve opvattingen nu nog? Kunt u al een alternatieve opvatting (of opvattingen) over piekeren formuleren? Hoe geloofwaardig is/zijn deze voor u? Wat is er voor u nodig om de geloofwaardigheid van de positieve opvattingen nog verder te doen afnemen en/of de geloofwaardigheid van de alternatieven te doen toenemen? Afgesproken kan worden hoe u hier de komende periode aan gaat werken (bijv. experimenten herhalen, meer piekergedachteschema's over positieve opvattingen invullen, verdergaan met de 'mismatch'-strategie, nog een periode de twee gedragsexperimenten uitvoeren).

Zoals besproken is aan het einde van de eerdere fasen van de behandeling, geldt ook nu weer dat het afsluiten van deze fase niet betekent dat u geen positieve opvattingen meer hoeft te onderzoeken. Het is zinvol om de geleerde interventies zelf toe te passen als u weer het idee krijgt dat piekeren nuttig is.

Uitleg van het programma voor de laatste drie sessies

Tot nu toe stonden de opvattingen over piekeren centraal in de behandeling. U hebt geleerd hoe u uw opvattingen over de onbeheersbaarheid en de gevaarlijke gevolgen van piekeren kunt onderzoeken en wijzigen. Ook hebt u geleerd uw ideeën over het nut van piekeren te onderzoeken. In de laatste drie sessies zal de aandacht minder gericht zijn op uw opvattingen over het piekeren, en meer op het piekeren zelf en gedrag dat u uitvoert om te voorkomen dat u gaat piekeren (zie het metacognitieve model, Metacognitief model van de gegeneraliseerde angststoornis, aan het eind van sessie 1). U zult manieren leren om op een andere manier te reageren op situaties waarover u gewend was te gaan piekeren. Ook zullen we met u afspreken te stoppen met gedrag dat u gewend bent uit te voeren, omdat u bang bent anders te gaan piekeren. Een voorbeeld van zulk gedrag is het niet kijken naar medische programma's om te voorkomen dat er allerlei zorgen ontstaan over eventuele ziektes. We noemen dit vermijdingsgedrag. Een ander voorbeeld is het opbellen naar de school van de kinderen om te vragen of ze veilig aangekomen zijn, om te voorkomen dat er gepiekerd wordt over mogelijke verkeersongelukken, molestaties of verkrachtingen die hen onderweg overkomen kunnen zijn. Dit noemen we veiligheidsgedrag. Door dit gedrag niet langer uit te voeren, kunt u nagaan of u in zulke situaties nog altijd gaat piekeren, of dat u anders reageert. Ook kunt u die situaties gebruiken om te oefenen met nieuwe strategieën die we in deze fase bespreken.

De eerste nieuwe strategieën die we u aanleren zijn technieken uit de cognitieve therapie. Uw behandelaar zal deze met u bespreken, en ze, als dat nodig is, in de sessies samen met u oefenen. Het doel van die cognitieve technieken is dat u uw aandacht niet meer alleen richt op informatie die uw zorgen bevestigt, maar ook op informatie die laat zien dat uw zorgen niet (helemaal) kloppen. Mensen met een gegeneraliseerde angststoornis blijken vaak 'overgevoelig' te zijn voor informatie die hun zorgen bevestigt. Misschien herkent u wel een van de volgende voorbeelden van zulke 'overgevoeligheid'. Maakt u zich bijvoorbeeld zorgen dat u een ernstige ziekte hebt, dan merkt u plotseling elke lichamelijke sensatie op die voor u kan gelden als bewijs dat uw zorg klopt. Of als u bang bent dat u een slechte beoordeling op uw werk gaat krijgen, dan interpreteert u elke blik of gedraging van uw baas als een teken van afkeuring, waarmee uw zorg bevestigd wordt. Uiteraard waren dit twee willekeurige voorbeelden, die voor u misschien helemaal niet van toepassing zijn. In de volgende sessie zal uw behandelaar uitgebreider terugkomen op de 'overgevoeligheid' voor informatie die uw zorgen bevestigt, en samen zult u voorbeelden bespreken van situaties waarin deze 'overgevoeligheid' bij u een rol speelde.

Inventarisatie van het (nog aanwezige) vermijdings- en veiligheidsgedrag

Samen met uw behandelaar gaat u na of u nog vermijdings- en veiligheidsgedrag toepast. Het kan hierbij helpen om u af te vragen of er dingen zijn die u nu niet doet, maar die u wel zou doen als uw klachten helemaal over zouden zijn (het antwoord op deze vraag verwijst naar vermijdingsgedrag; bijvoorbeeld weer televisieprogramma's over ziekten bekijken). Ook kunt u zich afvragen of er dingen zijn die u dan niet meer zou doen, die u nu nog wel doet uit angst dat u weer gaat piekeren (het antwoord op deze vraag verwijst naar veiligheidsgedrag; bijvoorbeeld frequent geruststelling vragen aan anderen). Met uw behandelaar spreekt u af welk vermijdingsgedrag u de komende tijd als huiswerk gaat 'doorbreken', en welke veiligheidsgedragingen u de komende tijd achterwege gaat laten. Op die manier kunt u nagaan of de situaties inderdaad nog tot angst of gepieker leiden. Als dat nog steeds het geval blijkt, dan kunt u die situaties in de volgende sessies gebruiken als oefensituaties voor de nieuwe technieken die u dan zult leren.

- Piekerregistratie (zie Piekerregistratie, aan het eind van deze sessie).
- Zo nodig geleerde interventies gericht op het onderzoeken van opvattingen over piekeren uitvoeren.
- Ervaringen opdoen met het niet meer uitvoeren van de afgesproken veiligheidsgedragingen, en het stoppen met de afgesproken vermijdingsgedragingen.

PIEKERREGISTRATIEFORMULIER

Met behulp van dit registratieformulier kunt u de tijd bijhouden die u dagelijks besteedt aan piekeren. Dit geeft zicht op uw piekergedrag. De scores zullen in een grafiek bijgehouden worden, waardoor duidelijk wordt of de tijd die u besteedt aan piekeren in de loop van de behandeling afneemt.

Het geven van een score gaat in twee stappen:
Stap 1: bepaal eerst voor uzelf welke categorie het best weergeeft hoeveel tijd u vandaag hebt gepiekerd.
Stap 2: bepaal vervolgens welke score binnen die categorie exact weergeeft hoeveel u gepiekerd hebt. Noteer die score op de lijn van de betreffende dag.

Er zijn zes categorieën:
0 = niet gepiekerd; 1-20 = minimaal; 21-40 = enigszins; 41-60 = gemiddeld; 61-80 = veel, en 81-100 = extreem gepiekerd

Datum:

| 0 | 20 | 40 | 60 | 80 | 100 |

Datum:

| 0 | 20 | 40 | 60 | 80 | 100 |

Datum:

| 0 | 20 | 40 | 60 | 80 | 100 |

Datum:

| 0 | 20 | 40 | 60 | 80 | 100 |

Datum:

| 0 | 20 | 40 | 60 | 80 | 100 |

Datum:

| 0 | 20 | 40 | 60 | 80 | 100 |

Datum:

| 0 | 20 | 40 | 60 | 80 | 100 |

Sessie 12

Agenda

De agenda van deze sessie bestaat uit de volgende punten:
- uitleg over de rol van overgevoeligheid voor informatie die de zorgen bevestigt;
- introductie van technieken voor het vergroten van gevoeligheid voor informatie die strijdig is met de inhoud van het piekeren;
- korte bespreking van de piekerregistratie (huiswerk vorige sessie);
- bespreking van de ervaringen met het niet meer uitvoeren van de afgesproken veiligheidsgedragingen, en met het stoppen met de afgesproken vermijdingsgedragingen (huiswerk vorige sessie);
- vervolgafspraken over het opheffen van vermijdingsgedrag en het niet meer uitvoeren van veiligheidsgedrag;
- huiswerk voor komende week.

Hieronder worden enkele agendapunten nader toegelicht.

Uitleg over de rol van overgevoeligheid voor informatie die de zorgen bevestigt

In de vorige sessie werd al kort ingegaan op de overgevoeligheid voor negatieve informatie, die veel mensen met een GAS hebben. Doordat u overgevoelig bent geworden voor negatieve informatie, ziet u informatie over het hoofd die juist laat zien dat uw zorgen niet of niet helemaal kloppen. En als u zulke informatie wel opmerkt, dan bestaat de kans dat u deze als het ware 'vervormt'. Daarmee bedoelen we dat informatie die niet past bij uw zorgen, als toeval, geluk of uitzondering op de regel gezien worden, in plaats van als aanwijzing dat uw zorgen misschien niet (helemaal) juist zijn. Een compliment van uw baas wordt bijvoorbeeld geïnterpreteerd als: 'dat kwam alleen maar omdat hij een goede bui had, het zegt verder niets over mij'.

Het gevolg van overgevoeligheid voor informatie die uw zorgen bevestigt, is dat de geloofwaardigheid van uw zorgen groot blijft. Er wordt immers voortdurend bevestiging gevonden voor de juistheid van die zorgen. In deze sessie zullen we daarom een aantal manieren bespreken om uw gevoeligheid te vergroten voor informatie die juist in strijd is met uw zorgelijke gedachten. Het doel daarvan is dat u niet langer alleen aandacht hebt voor informatie die uw zorgen bevestigt, maar ook voor informatie die uw zorgen ter discussie stelt, waardoor u een evenwichtigere visie op het mogelijke probleem krijgt. Daardoor zullen uw zorgen en angst afnemen.

Introductie van technieken voor het vergroten van gevoeligheid voor informatie die strijdig is met de inhoud van het piekeren

De taartpunttechniek

De eerste methode heet 'de taartpunttechniek'. U begint met het beschrijven van een situatie waarover u zich nog zorgen maakt. Vervolgens bepaalt u hoe geloofwaardig deze zorg op dit moment nog voor u is. De volgende stap is samen met uw behandelaar zo veel mogelijk alternatieve uitkomsten of verklaringen te bedenken voor de piekersituatie. Elke mogelijke verklaring die u kunt bedenken wordt genoteerd, hoe raar of onzinnig deze ook op het eerste gezicht lijkt. Als u geen nieuwe verklaringen meer kunt bedenken, dan tekent u voor elke verklaring een taartpunt in een taarttekening, waarbij de grootte van elke taartpunt weergeeft hoe geloofwaardig u de bijbehorende verklaring vindt. Door deze methode krijgt u meer oog voor mogelijke andere verklaringen of uitkomsten van situaties waarover u zich zorgen maakt. Dat kan u helpen de kans op de gevreesde afloop meer realistisch in te schatten. Hieronder wordt een voorbeeld gegeven van de toepassing van de taartpunttechniek.

Voorbeeld

Ria maakt zich zorgen over het uitblijven van een bericht van de belastingdienst over haar belastingopgave. Omdat ze keurig voor 1 april de aangifte heeft ingediend, had ze naar haar idee al drie weken geleden bericht moeten ontvangen. Ze vreest nu dat het uitblijven van het bericht betekent dat ze te horen zal krijgen dat ze een belastingschuld heeft. Met Ria wordt gebrainstormd over andere mogelijke verklaringen voor het uitblijven van het bericht.
Ze komt tot de volgende lijst: *1) het is druk bij de belastingdienst, 2) de brief is zoekgeraakt bij de post, 3) er is iets misgegaan bij de afhandeling van mijn aangifte, 4) ze zijn mijn aangifte kwijtgeraakt, 5) ze zijn nog zaken aan het controleren, 6) volgens het aangifteprogramma hoefde ik niets bij te betalen; dat ze te laat bericht sturen zegt niets over de juistheid van mijn aangifte.* In de tekening (zie figuur 1) maakt ze grote taartpunten voor verklaring 1 en 6. Beide nemen ongeveer 30% van de taart in beslag. De overige verklaringen krijgen elk een stuk van ongeveer 10% van de taart, met uitzondering van de optie dat haar aangifte kwijtgeraakt is. Daarvoor tekent ze een heel dun taartpuntje, ongeveer 1% van de taart. Voor haar oorspronkelijke verklaring dat het uitblijven van bericht van de belastingdienst betekent dat ze een belastingschuld heeft, blijft een punt van een kleine 10% over. Ria vindt de verdeling er goed uitzien. Ze vindt de verdeling wel realistisch, wat haar een rustiger gevoel geeft.

Figuur 1

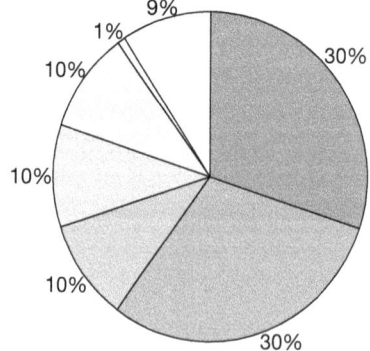

Logboek van positieve gebeurtenissen of feiten

De tweede methode heet 'logboek van positieve gebeurtenissen of feiten'. In de vorige sessie hebt u situaties genoteerd die u nog vermijdt omdat u er anders over gaat piekeren Hetzelfde deed u voor veiligheidsgedragingen, die u om dezelfde reden nog uitvoert. U zou bijvoorbeeld genoteerd kunnen hebben dat u nieuwsberichten in de plaatselijke media over inbraken vermijdt, omdat u anders gaat piekeren dat er ingebroken zal worden. U hebt de afgelopen periode geoefend met stoppen met verschillende vermijdings- en veiligheidsgedragingen. U hebt hierdoor misschien al gemerkt dat de situaties die u vermeed niet zo eng zijn als u altijd dacht. Ook hebt u misschien gemerkt dat er geen nare dingen gebeuren als u het veiligheidsgedrag niet uitvoert. U krijgt dus nieuwe, positievere informatie over situaties waarover u zich vroeger vooral zorgen maakte. Door dit soort informatie die tegen uw zorgen pleit in een logboek te noteren, krijgt u meer aandacht voor positievere informatie, waardoor uw zorgen en angst minder zullen worden. Dat maakt het weer makkelijker om vermijdingsgedrag te doorbreken en veiligheidsgedrag achterwege te laten. In het geval van de vermeden nieuwsberichten over inbraken, zou in het logboek genoteerd kunnen worden dat de kans op inbraken in de eigen buurt klein is omdat er de afgelopen twee jaar maar bij twee woningen in de wijk ingebroken is, dat er bij u zelf nog nooit ingebroken is en/of dat u voldoende sloten in huis heeft laten aanbrengen. Door dit soort informatie, die dus op feiten gebaseerd is, zullen zorgen over de kans op een inbraak afnemen.

Vervolgafspraken over het opheffen van vermijdingsgedrag en het niet meer uitvoeren van veiligheidsgedrag

Nadat uw ervaringen met de huiswerkopdrachten van de afgelopen periode zijn besproken, spreekt u met uw behandelaar af aan welke vermeden situaties u zich de komende periode gaat blootstellen, en met welke veiligheidsgedragingen u de komende periode gaat stoppen. Situaties uit de afgelopen periode die nog tot angst of gepieker leiden, kunnen nu gebruikt worden om te oefenen met andere manieren dan piekeren om met zorgelijke situaties om te gaan, de 'taartpunt'-techniek en de 'logboek'-techniek.

Figuur 2

Thuiswerk voor komende sessie

- Piekerregistratie (zie Piekerregistratie, aan het eind van deze sessie).
- Zo nodig geleerde interventies gericht op het onderzoeken van opvattingen over piekeren uitvoeren.
- Ervaringen opdoen met het niet meer uitvoeren van de afgesproken veiligheidsgedragingen, en het stoppen met de afgesproken vermijdingsgedragingen.
- Taartpunttechniek toepassen voor situaties waarin de cliënt zich de komende periode zorgen maakt. Gebruik daarvoor figuur 2.
- Logboek bijhouden over situaties die u voorheen vermeed. In het logboek worden positieve gebeurtenissen of feiten genoteerd met betrekking tot vermeden situaties en/of veiligheidsgedrag.

PIEKERREGISTRATIEFORMULIER

Met behulp van dit registratieformulier kunt u de tijd bijhouden die u dagelijks besteedt aan piekeren. Dit geeft zicht op uw piekergedrag. De scores zullen in een grafiek bijgehouden worden, waardoor duidelijk wordt of de tijd die u besteedt aan piekeren in de loop van de behandeling afneemt.

Het geven van een score gaat in twee stappen:
Stap 1: bepaal eerst voor uzelf welke categorie het best weergeeft hoeveel tijd u vandaag hebt gepiekerd.
Stap 2: bepaal vervolgens welke score binnen die categorie exact weergeeft hoeveel u gepiekerd hebt. Noteer die score op de lijn van de betreffende dag.

Er zijn zes categorieën:
0 = niet gepiekerd; 1-20 = minimaal; 21-40 = enigszins; 41-60 = gemiddeld; 61-80 = veel, en 81-100 = extreem gepiekerd

Datum:

| 0 | 20 | 40 | 60 | 80 | 100 |

Datum:

| 0 | 20 | 40 | 60 | 80 | 100 |

Datum:

| 0 | 20 | 40 | 60 | 80 | 100 |

Datum:

| 0 | 20 | 40 | 60 | 80 | 100 |

Datum:

| 0 | 20 | 40 | 60 | 80 | 100 |

Datum:

| 0 | 20 | 40 | 60 | 80 | 100 |

Datum:

| 0 | 20 | 40 | 60 | 80 | 100 |

Sessie 13

Agenda

De agenda van deze sessie bestaat uit de volgende punten:
- uitleg over en oefenen met twee alternatieve manieren om met zorgen om te gaan;
- vragenlijsten om het effect van de behandeling na te gaan;
- korte bespreking van de piekerregistratie (huiswerk vorige sessie);
- korte bespreking van de ervaringen met het niet meer uitvoeren van de afgesproken veiligheidsgedragingen, en met het stoppen met de afgesproken vermijdingsgedragingen, en vervolgafspraken maken (huiswerk vorige sessie);
- bespreking van de uitgevoerde taartpunttechniek en het logboek van positieve gebeurtenissen/ervaringen (huiswerk vorige sessie);
- huiswerk voor komende week.

Hieronder worden enkele agendapunten nader toegelicht.

Uitleg over en oefenen met alternatieve manieren om met zorgen om te gaan

Problemen en moeilijke situaties horen nu eenmaal bij het leven. Het doel van de behandeling was daarom niet dat u nooit meer nare, vervelende of lastige gebeurtenissen zou meemaken. Het doel was vooral u eerst te leren anders tegen piekeren aan te kijken dan u deed, en u vervolgens andere manieren aan te leren om met lastige situaties om te gaan dan erover te piekeren, zoals u voorheen meestal deed. Als u verschillende methoden beheerst om met zorgelijke situaties om te gaan, wordt de kans kleiner dat u terugvalt op uw oude strategie: erover piekeren. In de vorige sessie leerde u al twee alternatieve strategieën, in deze sessie oefenen we met nog twee andere methoden: 1) het in gedachten voorstellen van nieuwe positieve aflopen voor oude negatieve zorgen, en 2) het 'laten gaan' van piekergedachten in plaats van ze te onderdrukken. Hieronder zullen we beide methoden kort beschrijven. In de sessie zal uw behandelaar ze ook met u bespreken.

- Oefening 1: de *verbeeldingsoefening*. Als u zich zorgen maakt, denkt u vooral aan alles wat mis kan gaan. Andere, positievere uitkomsten van de gevreesde situaties komen vaak niet bij u op. Net als bij de taartpunttechniek wordt in de verbeeldingsoefening gebruikgemaakt van brainstormen. Deze keer wordt u gevraagd zo veel mogelijk positieve uitkomsten of aflopen te bedenken van de situaties waarover u piekert. Vervolgens kiest u met welke afloop u wilt oefenen; de meest waarschijnlijke, de meest prettige of de leukste. De oefening bestaat uit het in gedachten oproepen van een beeld van die positieve afloop. U kunt dat doen door zich de zorgelijke situatie zo levendig mogelijk voor te stellen, en deze als een film af te spelen – maar nu met de positieve afloop.
- Oefening 2: het *laten gaan van piekergedachten*. In de eerste sessie hebt u het 'witte beer'-experiment gedaan. Waarschijnlijk merkte u toen dat het onderdrukken van

de gedachte aan een witte beer erg lastig was. Hetzelfde geldt voor piekeren; onderdrukken van zorgelijke gedachten is lastig, soms wordt het gepieker zelfs juist erger. We gaan daarom oefenen met het 'er gewoon te laten zijn' van een piekergedachte, in plaats van het wegdrukken ervan; u hoeft de zorgelijke gedachte niet te onderdrukken, hoeft geen afleiding te zoeken, hoeft ook geen oplossingen te bedenken.

Vragenlijsten om het effect van de behandeling na te gaan

De volgende sessie is de laatste sessie van deze behandeling. Bij het begin van de behandeling hebt u enkele vragenlijsten ingevuld. Dezelfde vragenlijsten krijgt u nu mee naar huis, met het verzoek ze voor de volgende sessie in te vullen. Door de uitkomsten van deze lijsten te vergelijken met de uitkomsten van de eerste keer dat u ze invulde, kunnen we beoordelen of de behandeling resultaat heeft gehad.

Thuiswerk voor komende sessie

– Piekerregistratie (zie Piekerregistratie, aan het eind van deze sessie).
– Ervaringen opdoen met het niet meer uitvoeren van de afgesproken veiligheidsgedragingen, en het stoppen met de afgesproken vermijdingsgedragingen.
– Taartpunttechniek toepassen voor situaties waarin de cliënt zich de komende periode zorgen maakt.
– Logboek van positieve gebeurtenissen of feiten bijhouden over situaties uit de angsthiërarchie.
– Oefenen met het bedenken en verbeelden van nieuwe aflopen voor zorgelijke situaties.
– Oefenen met het 'laten gaan' van piekergedachten.

PIEKERREGISTRATIEFORMULIER

Met behulp van dit registratieformulier kunt u de tijd bijhouden die u dagelijks besteedt aan piekeren. Dit geeft zicht op uw piekergedrag. De scores zullen in een grafiek bijgehouden worden, waardoor duidelijk wordt of de tijd die u besteedt aan piekeren in de loop van de behandeling afneemt.

Het geven van een score gaat in twee stappen:
Stap 1: bepaal eerst voor uzelf welke categorie het best weergeeft hoeveel tijd u vandaag hebt gepiekerd.
Stap 2: bepaal vervolgens welke score binnen die categorie exact weergeeft hoeveel u gepiekerd hebt. Noteer die score op de lijn van de betreffende dag.

Er zijn zes categorieën:
0 = niet gepiekerd; 1-20 = minimaal; 21-40 = enigszins; 41-60 = gemiddeld; 61-80 = veel, en 81-100 = extreem gepiekerd

Datum:

0   20   40   60   80   100

Datum:

0   20   40   60   80   100

Datum:

0   20   40   60   80   100

Datum:

0   20   40   60   80   100

Datum:

0   20   40   60   80   100

Datum:

0   20   40   60   80   100

Datum:

0   20   40   60   80   100

Sessie 14

Agenda

De agenda van deze sessie bestaat uit de volgende punten:
- korte bespreking van de piekerregistratie (huiswerk vorige sessie);
- korte bespreking van de ervaringen met het niet meer uitvoeren van de afgesproken veiligheidsgedragingen, en met het stoppen met de afgesproken vermijdingsgedragingen, en vervolgafspraken maken (huiswerk vorige sessie);
- korte bespreking van de uitgevoerde taartpunttechniek en het logboek van positieve gebeurtenissen/ervaringen (huiswerk vorige sessie);
- bespreking van de verbeeldingsoefening en van het 'laten gaan' van piekergedachten;
- evaluatie van de behandeling;
- afspraken voor de komende periode;
- afsluiting van de behandeling.

Hieronder worden enkele agendapunten nader toegelicht.

Evaluatie van de behandeling

Uw behandelaar zal de ingevulde vragenlijsten in ontvangst nemen, waarmee het effect van de behandeling bepaald kan worden.

Behalve in de vragenlijsten is uw behandelaar natuurlijk ook geïnteresseerd in uw mening over de behandeling en het effect ervan. Samen bespreekt u in deze sessie of de bij het begin van de behandeling afgesproken doelen zijn behaald. De tijdens de behandeling bijgewerkte piekergrafiek wordt doorgenomen om na te gaan in hoeverre u nog piekert. Is er volgens u sprake van 'normaal' gepieker (of beter: normaal nadenken over problemen) of is het gepieker nog te sterk aanwezig? Ook zal uw behandelaar u vragen in welke mate u zelf vindt dat de klachten zijn veranderd: veel afgenomen – behoorlijk afgenomen – iets afgenomen – onveranderd – iets toegenomen – behoorlijk toegenomen – veel toegenomen? Tot slot kunt u aangeven bij welke onderdelen van de behandeling u baat hebt (gehad).

Afspraken voor de komende periode

Samen met uw behandelaar bespreekt u hoe u de komende periode zelf verder kunt oefenen, en met welke interventies. Misschien zijn sommige opvattingen over piekeren toch nog wel geloofwaardig voor u. Of misschien vermijdt u nog best veel zaken, om te voorkomen dat u anders gaat piekeren. Het is dan belangrijk zelf verder te oefenen. Maar ook als uw klachten helemaal weg zijn, kan het zinvol zijn af en toe nog eens te oefenen met de nieuw geleerde methoden. Want door te blijven oefenen maakt u zich die nieuwe methoden steeds beter eigen, waardoor de kans groter is dat u ze goed kunt gebruiken als u in de toekomst geconfronteerd wordt met lastige situaties. En als u de nieuwe methoden goed in de vingers hebt en goed kunt toepassen, is de kans weer kleiner dat u terugvalt in uw oude methode: piekeren.

Afsluiting van de behandeling

Uw behandelaar zal u aan het einde van de sessie vertellen wat er verder gebeurt na het afsluiten van de behandeling. Zaken die besproken zullen worden zijn onder andere: wie ontvangt een ontslagbrief, hoe lang blijft een dossier bewaard, wat moet u doen als u niet wilt dat uw dossier bewaard blijft. Ook vragen die u misschien zelf nog hebt kunt u nu uiteraard stellen.
Tot slot: veel succes voor de toekomst!

Literatuur

Heiden, C. van der (2008, June). What's more effective in treating generalized anxiety disorder (GAD): Targeting metacognitions or targeting intolerance of uncertainty? Voordracht gehouden op het 6e International Congress of Cognitive Psychotherapy, Rome.

Heiden, C. van der, Methorst, G.J., Muris, P. & Molen, H.T. van der (2008). Gegeneraliseerde angststoornis: Informatie voor patiënten. PsychoPraxis 10, 174-177.

Heiden, C. van der, Methorst, G.J., Muris, P. & Molen, H.T. van der (ongepubliceerd manuscript). Protocol metacognitieve therapie voor de gegeneraliseerde angststoornis, onderzoeksversie.

Heiden, C. van der, Muris, P. & Molen, H.T. van der (in voorbereiding). What's more effective in treating generalized anxiety disorder: Targeting metacognitions or targeting intolerance of uncertainty?

Wells, A. & King, P. (2006). Metacognitive therapy for generalized anxiety disorder: An open trial. Journal of Behavior Therapy and Experimental Psychiatry.

Wells, A., Welford, M., King, P., Wisely, J. & Mendel, E. (in voorbereiding). A randomized trial of metacognitive therapy versus applied relaxation in the treatment of GAD.

Grafische weergave van de piekerregistratie

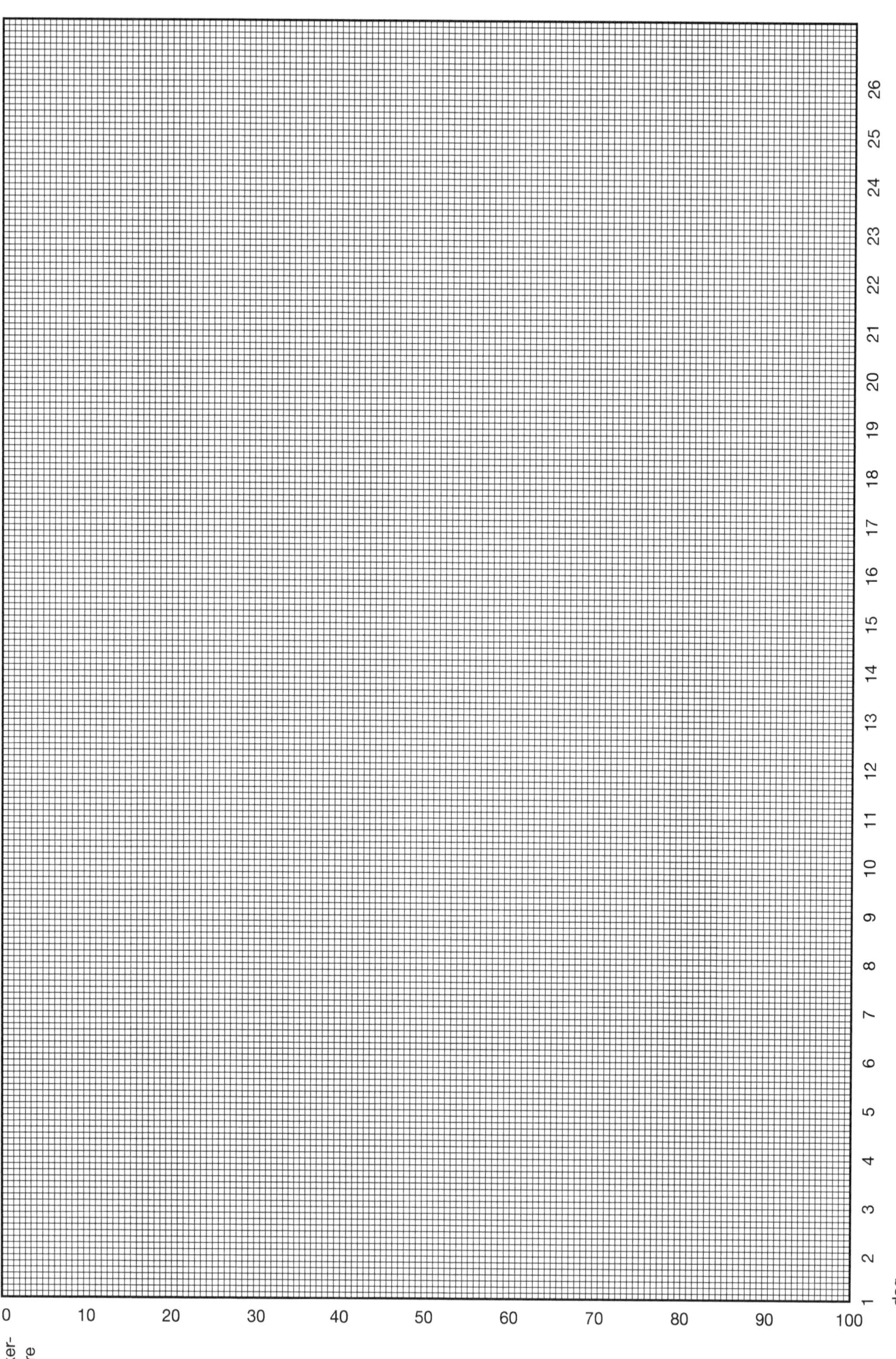

Grafische weergave van de piekerregistratie

GPSR Compliance

The European Union's (EU) General Product Safety Regulation (GPSR) is a set of rules that requires consumer products to be safe and our obligations to ensure this.

If you have any concerns about our products, you can contact us on

ProductSafety@springernature.com

In case Publisher is established outside the EU, the EU authorized representative is:

Springer Nature Customer Service Center GmbH
Europaplatz 3
69115 Heidelberg, Germany

www.ingramcontent.com/pod-product-compliance
Ingram Content Group UK Ltd.
Pitfield, Milton Keynes, MK11 3LW, UK
UKHW051523180426
11947UKWH00012B/820